D1550278

LA VIE DANS LA PRÉHISTOIRE

La vie dans la préhistoire

KARAREL SKLENÁŘ

ILLUSTRATIONS DE

PAVEL DVORSKÝ

ET

ELIŠKA SKLENÁŘOVÁ

GARANTIE DE L'ÉDITEUR

Pour vous parvenir à son plus juste prix, cet ouvrage a fait l'objet d'un gros tirage. Malgré tous les soins apportés à sa fabrication, il est malheureusement possible qu'il comporte un défaut d'impression ou de façonnage. Dans ce cas, ce livre vous sera échangé sans frais.
Veuillez à cet effet le rapporter au libraire qui vous l'a vendu ou nous écrire à l'adresse ci-dessous en nous précisant la nature du défaut constaté.
Dans l'un ou l'autre cas, il sera immédiatement fait droit à votre réclamation.
Librairie Gründ — 60 rue Mazarine — 75006 Paris

Adaptation française de Dagmar Doppia
Arrangement graphique de Bohuslav Blažej

Première édition Artia, Prague 1985
Et pour la traduction française:

ISBN: 2-7000-2401-X
Cinquième tirage 1991
Imprimé en Tchécoslovaquie par Svoboda
1/22/01/53-05

Loi n° 49-956 du 16 juillet 1949
sur les publications destinées à la jeunesse

TABLE

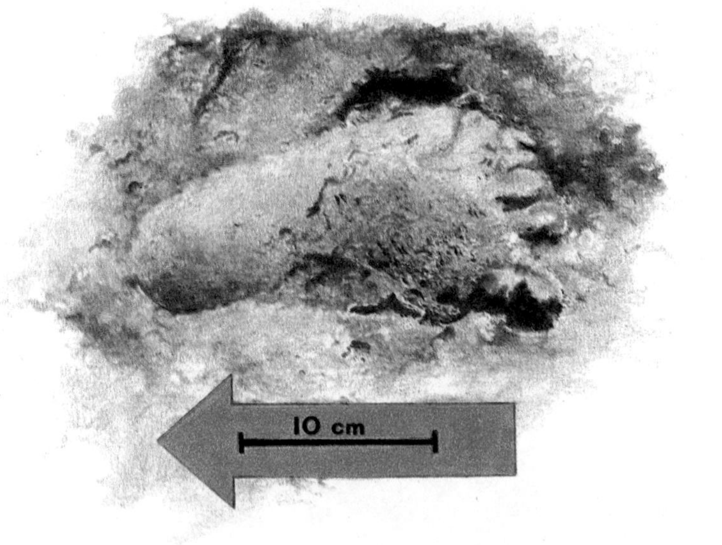

Empreinte de pied humain
dans la glaise
de la grotte de Tana della
Basura (Italie)

AVANT-PROPOS

Nous devons remonter le cours des temps, jusqu'à l'époque des chasseurs de mammouths, si nous voulons nous rendre compte des progrès effectués par l'Humanité. L'homme, au tout début, ne savait pas cultiver les plantes, ni élever les animaux ; il se contentait de ce que la nature lui offrait.

Mais quel intérêt, demanderont certains, y a-t-il à se pencher sur un passé si lointain, à peine imaginable, à l'heure de l'énergie nucléaire et de l'exploration spatiale? En fait, passé et avenir sont indissociables, reliés, comme un trait d'union, par le présent. Explorer le passé, comprendre comment la civilisation actuelle est apparue, représente la même démarche qu'imaginer, à partir de notre présent, ce que sera le futur. Notre civilisation a commencé à prendre forme très lentement, depuis les jours où les premiers hommes, malgré la menace des animaux sauvages, ont modifié et amélioré leurs conditions de vie.

Les hommes de la Préhistoire étaient nos ancêtres, reliés à chacun d'entre nous par une longue suite de générations ; ainsi nous sommes directement intéressés par les efforts qu'ils fournirent. Il y avait parmi eux de grands génies et des inventeurs pleins de talent, qui resteront à jamais inconnus : celui qui alluma le premier feu fit autant progresser l'humanité que le savant qui découvrit l'énergie nucléaire.

Que savons-nous réellement de ces hommes? Ces dernières décennies, la science qui étudie les origines de l'homme a fait un grand pas en avant. L'Afrique du Sud, puis l'Afrique orientale, sont apparues comme le «berceau de l'Humanité», car on y trouva les fossiles humains les plus anciens. Aujourd'hui, nous pouvons dire qu'il y a trois ou quatre millions d'années, peut-être plus, les Australopithèques (nos ancêtres au sens large du terme) vivaient dans ces régions. Ces Australopithèques d'Afrique (du latin *australis,* du Sud, et du grec *pithékos,* le singe) devraient plutôt être appelés Pithécanthropes (du grec *anthropos,* l'homme), car cette famille présentait des caractères hominiens évolués : marche bipède, station debout, etc. Nous la classons aujourd'hui dans la famille des hominidés.

L'homme moderne appartient à l'espèce *Homo Sapiens,* précédée par le groupe des hommes de l'espèce *Homo Erectus* qui ne fut pas, en fait, le premier maillon de l'humanité. Certains chercheurs considèrent qu'elle fut précédée à son tour par l'*Homo Habilis,* contemporain des Australopithèques. Les fossiles d'*Homo Habilis* ne sont pas aussi anciens qu'on le crut après les premières découvertes, mais ils datent assurément de deux millions d'années.

L'évolution de l'Homme commença donc au Tertiaire, mais la période décisive fut pour lui celle des variations climatiques qui marquèrent le début du Quaternaire. A ce moment, l'Homme se différencia définitivement de l'animal; aussi appelle-t-on le Quaternaire «l'ère de l'homme» *(Anthroposoïkum).*

La période interminable du Pléistocène fut une succession de glaciations, alternant avec des périodes interglaciaires plus chaudes ; elle connut le long et lent cheminement de l'humanité, depuis ses premiers balbutiements, jusqu'à l'apparition d'une réelle structure sociale. En archéologie, on appelle cette période le Paléolithique, l'âge de pierre.

Les savants qui étudient cette période sont encore loin de connaître tous ses aspects, mais nous pouvons nous faire une idée de ce que fut alors la vie de l'homme : comment il chassait, cueillait, travaillait, comment il fabriquait ses outils, construisait ses huttes, enterrait ses morts et adorait des divinités anonymes.

Ce livre abordera tous ces sujets, en les classant en neuf grands domaines, qui nous permettront de nous représenter de façon simple et vivante l'existence de nos ancêtres, de la naissance à la tombe, et les grandes découvertes qui bouleversèrent le cours de l'histoire des premiers temps.

Tableau récapitulatif illustrant le Paléolithique

Évolution des conditions naturelles	**TERTIAIRE** fin avant 4-2 millions d'années	Pléistocène Villafranchien + + glaciations anciennes	**QUATERN** Période interglaciaire (Cromer)	glaciation (Elster)
Date		2 millions environ 1,5 million 1 million	700 000	
Évolution de l'homme	Australopithèque •••••••••••••••••••• •••••••••••••••••••• formes préhumaines	**H. habilis** **H. erectus**		
Évolution de la culture	(le plus ancien) Principales industries :	Oldowanien	Age de pierr inférieur Abbevillien	
Découvertes et inventions du Paléolithique		fabrication des premiers outils premières constructions coup-de-poing foyer	chasse aux grands animaux	
Principaux sites, mentionnés dans l'ouvrage		Hadar Koobi-Fora Omo Olduvaï Shandalia Chilhac Gadeb Soleihac Vallonet	Přezletice Brno-Str. Skála Escale	Vértesszöllös

…R E				QUATERNAIRE SUPÉRIEUR
…vant-dernière période interglaciaire (Holstein)	Avant-dernière glaciation (Saale, Warthe)	Dernière période interglaciaire (Eem)	Dernière glaciation (Wisla ou Würm)	Holocène
…00 000	300 000 150 000	70 000	40 000	13 000 10 000 7 000 4 000 3 000
	Homo (Homme)			
…. sapiens …ormes …rimitives	**H. s. neanderthalensis**		**H. s. sapiens**	
P a l é o l i t h i q u e) moyen			supérieur	Mésolithique / **Néolithique** / Age du fer / Age du bronze
…cheuléen	Moustérien		Aurignacien Gravettien (chasseurs de mammouths) Magdalénien (chasseurs de rennes)	
sculptures			rituels enterrements vêtements cousus arc instruments de musique outils en pierre polie peintures	
…orralba Bilzingsleben Clacton	Pech de l'Azé Bečov	Lehringen	La Ferrassie Shanidar Matupi Sungir Malta, Buret Dol. Věstonice Pavlov Kostiénki Mésine Lascaux Ofnet Hambourg Viss	

LES OUTILS

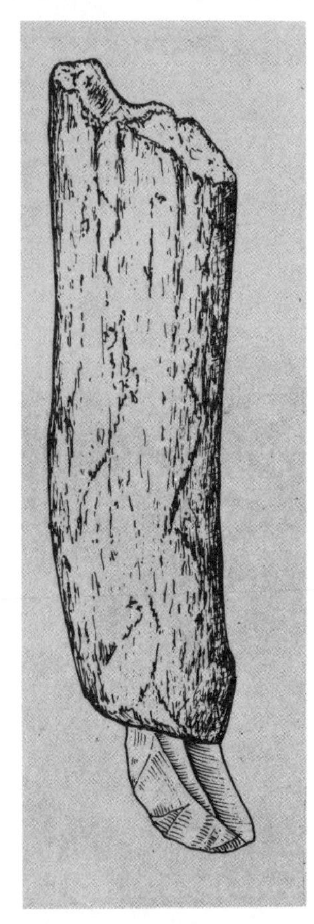

Les outils paléolithiques sont, la plupart du temps, fabriqués en pierre ou en os. Parfois, on utilisait ces deux matériaux pour un seul instrument, comme cette lame en silex, fixée dans un manche en corne, découverte dans un site de chasseurs de rennes en Sibérie.

Nous vivons une époque de machines. Nous les côtoyons tous les jours, depuis le petit appareillage électroménager jusqu'aux avions, grues et machines-outils aux dimensions impressionnantes. Sans leur aide nous sommes incapables, aujourd'hui, de concevoir le travail qui est la base même de la société, qui assure notre existence et prépare une vie plus aisée aux générations futures. Une technologie développée et bien appliquée épargne à l'homme les travaux fastidieux ou épuisants, tout en lui ménageant plus de loisirs qu'il peut consacrer à ses activités personnelles ou à sa détente.

La plupart de ces machines ont été inventées au cours du XXe siècle, certaines même au cours du XIXe. Mais, pour les réaliser, leurs inventeurs n'ont fait que reprendre, combiner et adapter des instruments plus simples qui existaient déjà. Si nous avons la curiosité d'examiner l'arbre généalogique des outils au fil des époques, nous remonterons jusqu'à un petit nombre d'instruments rudimentaires, élaborés dans des temps très reculés et qui sont le point de départ de notre technologie. Il est à peine croyable que les êtres qui ont découvert ces outils, qui les façonnaient et connaissaient leur utilité, aient été nos aïeux. Et, pourtant, nous leur sommes redevables de tout ce que nous possédons aujourd'hui. La belle civilisation du XXe siècle n'existerait pas si ces lointains ancêtres, hésitant entre le singe et l'homme, n'avaient pas «inventé» les outils.

C'est, en vérité, le tournant le plus important dans l'histoire de l'humanité, et on peut même dire que c'est à ce moment qu'elle commence.

Le plus ancien produit de l'homme qu'on ait pu découvrir jusqu'à présent est ce bloc de roche volcanique travaillé très grossièrement. On l'a trouvé dans les couches les plus profondes du site d'Olduvaï, en Afrique orientale (vue de face et de profil).

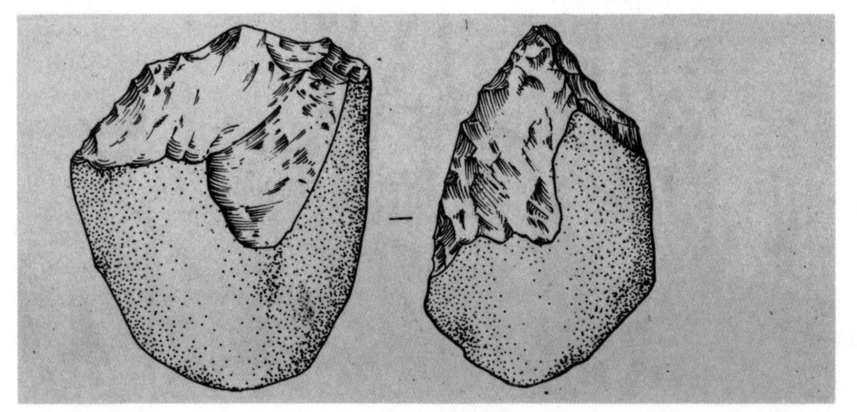

L'HOMME APPREND A TRAVAILLER

Une telle formulation de la relation homme-travail n'est pas exacte, car elle n'envisage qu'une partie du problème. En réalité, ce rapport était ambivalent : l'homme déterminait les travaux qui lui étaient indispensables et le travail le faisait évoluer. L'être qui ne travaillait pas n'était pas encore l'homme à part entière, mais seulement son prédécesseur. Le développement des hominidés fut extrêmement long. Il y a 10 ou 20 millions d'années, le climat était devenu plus sec et, peu à peu, nos ancêtres échangèrent la forêt vierge contre de vastes espaces de steppes arborées; le végétarien est devenu omnivore, et la chasse remplaça la cueillette des végétaux comestibles. Mais, seul l'être qui vivait il y a 2 millions d'années peut être considéré comme un être humain. Lorsque les anthropologues étudient les fossiles de cette époque, ils se rendent bien compte que, devant ce mélange de genres et d'espèces, ils sont bien incapables de placer une charnière dans le cours de l'histoire et d'affirmer avec assurance : «A ce moment apparut le premier homme.» Pour définir l'homme il faut donc un autre critère que la morphologie car la condition humaine n'est pas une question de squelette ou d'apparence physique.

Il y a deux cents ans, l'illustre penseur américain, Benjamin Franklin considérait que «l'homme est un animal fabriquant des instruments». Cette petite phrase, en apparence anodine, contient une vérité profonde, aujourd'hui entièrement confirmée par la science. Il ne faut pas oublier que même l'homme moderne est un animal. Comme les autres êtres vivants, il a des origines biologiques et est étroitement lié à la nature. La seule chose qui le différencie des animaux, c'est qu'il vit dans une société organisée, et qu'il a réussi à fonder une civilisation qui évolue sans cesse et lui permet de progresser rapidement. Au départ de ces formes de vie spécifiquement humaines, était le travail. C'est donc bien le travail qui a fait se détacher l'homme du règne animal.

La notion de travail n'est pas simple et mérite quelques précisions. Le travail en soi n'est pas l'apanage exclusif de l'homme. N'oublions pas que, dans une situation précise, certains animaux accomplissent instinctivement des gestes qui ressemblent à un travail. Nous avons tous vu travailler les abeilles ou les fourmis qui ont une répartition des tâches très rigoureuse. L'utilisation d'instruments n'est pas non plus réservée à l'homme : un babouin utilise des pierres pour assommer sa proie, certains oiseaux manipulent des galets, et des formes animales très primitives, comme les insectes, peuvent s'aider d'un outil. En Amérique du Nord, vit une guêpe de la famille des ammophiles qui utilise un petit caillou pour tasser la terre audessus de son nid. Mais, tous les cas que nous venons de citer ont un trait commun : il s'agit d'objets naturels, utilisés une fois et, surtout, tels que l'animal les a trouvés. Aucun animal n'est capable d'élaborer un instrument à partir de la matière première trouvée dans la nature, selon une image produite par son cerveau qui lui prêterait forme et déterminerait les qualités requises pour telle ou telle tâche. Aucun animal n'a l'idée de conserver l'outil qui a fait ses preuves pour accomplir à nouveau les mêmes gestes et réaliser le même travail. Ces qualités, par contre, caractérisent le travail de l'homme, et sont données par l'aptitude de son cerveau à accumuler les expériences passées afin d'en tirer les conclusions qui lui permettent de planifier son prochain travail.

A partir du moment où nos ancêtres les plus anciens quittèrent le faîte des arbres et s'établirent sur la terre ferme, leur mode de vie se trouva, bien sûr, plus difficile et plus compliqué, mais leur ouvrit par la même occasion des horizons nouveaux. Ils adoptèrent une station verticale et une marche bipède (encore hésitante) car ils avaient besoin de leurs membres supérieurs pour faire les gestes élémentaires qui devinrent plus complexes au fil des siècles. Il leur fallait apprendre à se nourrir dans ce nouveau milieu, à acquérir de nouvelles variétés de nourriture, à se défendre contre les prédateurs. Ce n'était pas chose facile car l'homme n'avait ni crocs impressionnants, ni carapace, ni épines pour se protéger. L'homme n'était ni assez petit pour se cacher dans n'importe quel abri ni assez grand pour effrayer l'agresseur. Il n'était pas non plus suffisamment rapide pour se sauver à toutes jambes ou, au contraire, pour prendre en chasse sa proie. Si le genre humain voulait survivre, il

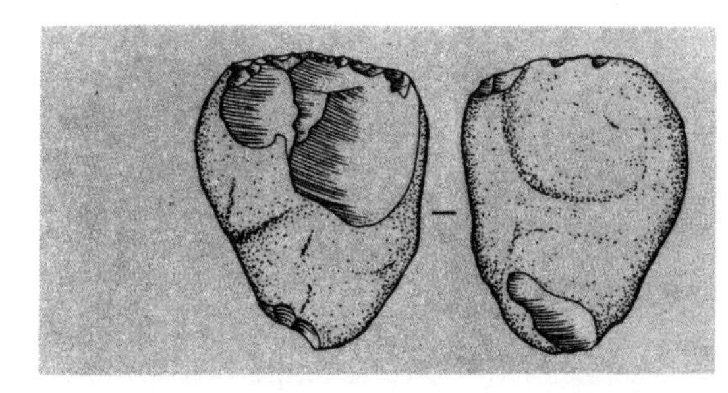

Ce racloir façonné dans un petit galet provient d'une grotte à concrétion calcaire qui se trouve à Shandalia, dans le Nord de la Yougoslavie. Cette grotte est le site archéologique européen le plus ancien. Les deux faces de l'outil sont représentées.

devait déployer une certaine ingéniosité pour compenser ces défauts. Seuls les plus capables d'entre ces hommes y parvinrent, car ils se mirent, dans un premier temps, à utiliser en guise d'outils et d'armes certains objets tels qu'ils les avaient trouvés dans la nature. Par la suite, ils apprirent à façonner les instruments dans la matière première fournie par leur milieu naturel : dans des galets, des morceaux de bois, des os récupérés dans les carcasses d'animaux, morts de mort naturelle ou tués par les grands fauves. Nous avons tendance à considérer ces êtres «mi-hommes, mi-singes» avec des sentiments mitigés alors qu'au contraire, nous devrions les admirer pour la résistance et l'esprit d'adaptation dont ils ont fait preuve dans ce milieu hostile. La nécessité leur a appris à penser et à travailler, le travail, à son tour, affina leur jugement et leurs sens. Ils utilisaient leurs mains pour élaborer les premiers instruments et, en travaillant, leurs mains devenaient plus sûres, précises et sensibles. Leur cerveau rendait le travail plus aisé car il permettait, enrichi par les expériences précédentes, d'élaborer un outillage de plus en plus fin et adapté. Lui-même, il se perfectionnait et se «rôdait» lors de cet exercice. Tout ceci était étroitement lié : l'homme inventa les outils et comprit leur utilité, et le travail sur ces instruments donna à l'homme son statut particulier.

Le processus d'évolution du travail fut extrêmement lent. Au départ, il se résumait à quelques gestes élémentaires qui aidaient l'homme à survivre. Par la suite, l'homme se mit à utiliser des objets naturels, au même

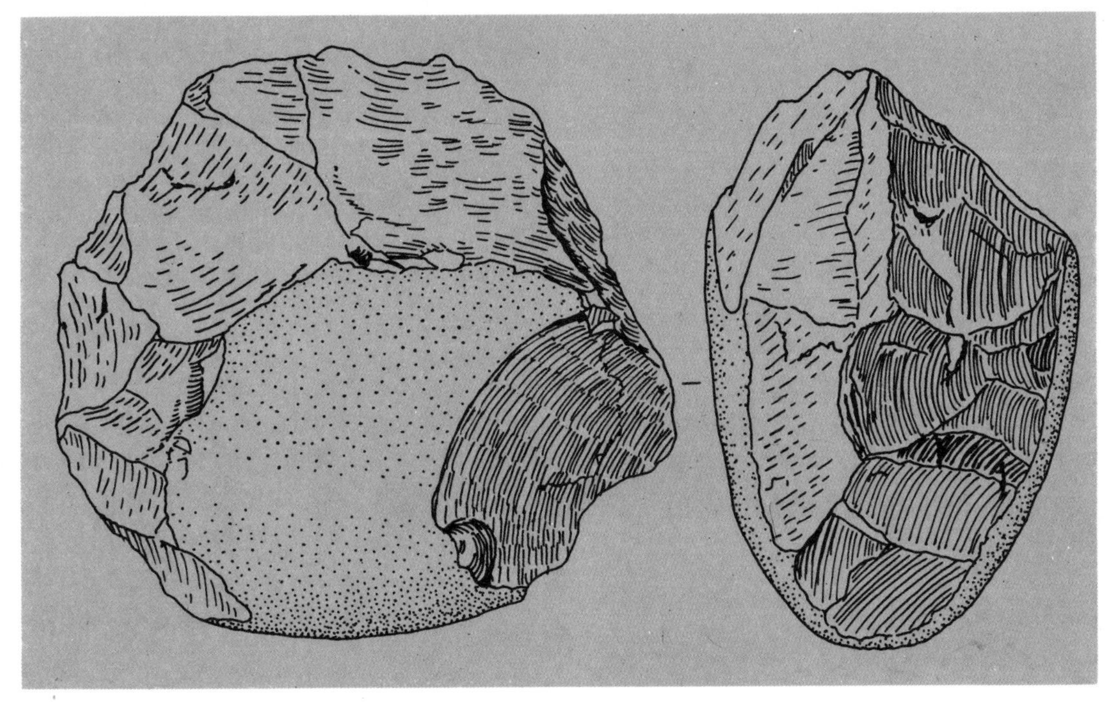

Au Paléolithique inférieur et moyen, on donnait aux galets la forme de lourds hachoirs; parfois on récupérait les éclats obtenus au cours de ce travail, et on les travaillait à leur tour.

titre que certaines espèces animales. Occasionnellement, il lui arrivait d'en arranger grossièrement la forme pour les rendre plus aptes à accomplir telle ou telle besogne. Ces façonnages rudimentaires de la pierre, de la branche ou de l'os devinrent de plus en plus fréquents jusqu'à ce que l'homme comprenne, au bout de centaines de milliers d'années, qu'il pouvait élaborer ses outils, régulièrement et à l'avance. Cette habitude qui provenait d'expériences personnelles ou de l'exploitation de celles des autres hordes, finit par produire une petite gamme d'outils de base stéréotypés. Ces outils de base se diversifièrent peu à peu et donnèrent naissance à tout un éventail d'outils spéciaux, destinés à des tâches multiples et à des gestes variés et complexes. L'outillage spécialisé représente le trait caractéristique de la culture de L'*Homo Sapiens* : son développement, qui se situait au Paléolithique moyen, culmina au Paléolithique supérieur. Les outils de base stéréotypés proviennent déjà, par contre, de l'époque de l'*Homo Erectus* du Paléolithique inférieur. Pour dater les instruments les plus primitifs, il faut remonter à l'*Homo Habilis* qui était le contemporain plus développé de l'Australopithèque. Il s'en distinguait par un cerveau d'une capacité supérieure; c'est lui le premier maillon de l'humanité, car les savants n'ont pas réussi à prouver que les Australopithèques fabriquaient des instruments.

FABRICATION DES PREMIERS OUTILS

L'époque que nous venons d'atteindre en remontant le cours du temps est si lointaine que cela défie l'imagination. Il n'est donc pas surprenant que le nombre de vestiges qui s'est conservé jusqu'à nos jours soit plutôt restreint. Pour parvenir jusqu'à notre époque, il fallait qu'il s'agisse d'objets façonnés dans une matière très résistante. Une partie de ceux-ci est donc irrémédiablement détruite. Nous n'avons trouvé qu'une infime partie de tous ces objets, la plus importante étant encore enfouie dans le sol. Il faut également tenir compte du fait que certains instruments sont si peu élaborés que, même en les trouvant, nous pouvons très bien ne pas les distinguer de simples pierres. Ainsi, à cause de la barrière du temps et de l'usure, les savants du XXe siècle ne disposent pour leurs recherches que des pierres façonnées. Les instruments en bois devaient être assurément très répandus, mais nous n'en saurons jamais rien. C'est pour cette raison qu'on appelle le Paléolithique «l'Age de pierre».

Les tout premiers instruments de pierre produits par l'homme se caractérisaient par un manque total d'élaboration. S'ils ne se trouvaient pas dans des couches sédimentaires anciennes en même temps que des ossements d'animaux et, plus rarement, de chas-

Coup-de-poing

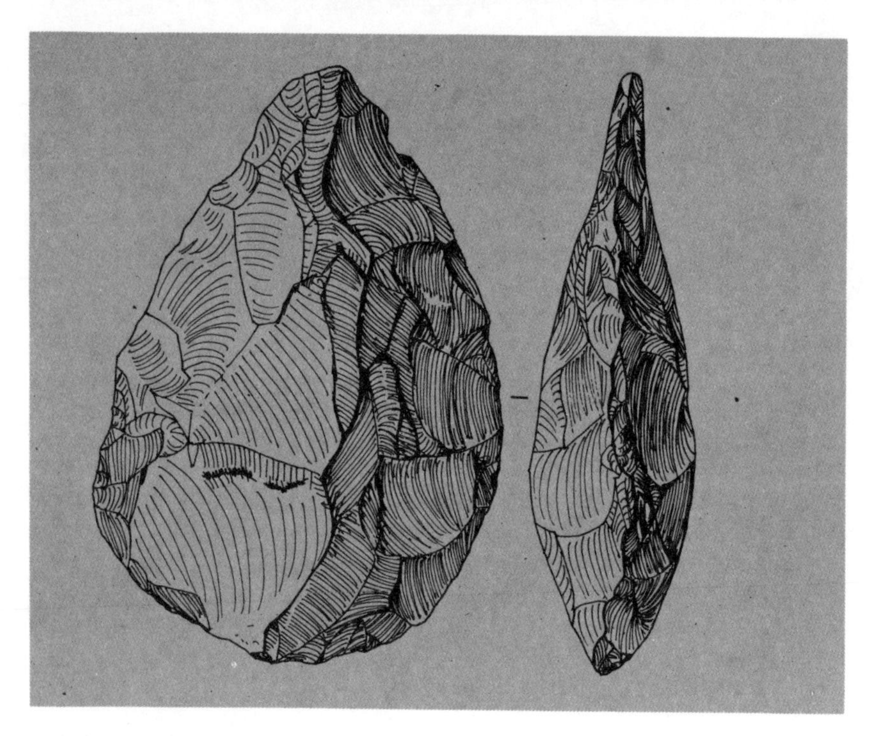

A l'origine, les coups-de-poing étaient lourds et de forme irrégulière; par la suite, ils devinrent plus longilignes et furent taillés plus soigneusement sur toute leur surface, comme le montre ce dessin.

Racloir en galet travaillé

seurs, on pourrait très bien ne pas les reconnaître. Il s'agissait la plupart du temps de cailloux et de galets, ramassés probablement dans les alluvions, au bord de la rivière, ou bien de fragments de pierre obtenus par l'érosion de roches. On utilisait une grosse pierre pour percuter le galet choisi comme futur instrument. En quelques coups, on enlevait deux ou trois éclats jusqu'à ce qu'il présente un semblant d'arête, et ainsi naissait un instrument pour déterrer les racines comestibles ou pour tuer de petits animaux. Les Australopithèques, qui n'avaient pas encore percé le secret de cette technique de fabrication d'outils en pierre, devaient se contenter de ce qu'ils trouvaient dans la nature.

L'industrie des galets travaillés est souvent mise en relation avec la technique de débitage des pierres, propre à l'*Homo Habilis.* La plupart de ces vestiges proviennent des sites de l'Afrique orientale et on évalue leur âge à 2 millions d'années. Nous pouvons espérer cependant que de nouvelles méthodes de recherche de plus en plus perfectionnées permettront de déceler des outils encore plus primitifs, faisant reculer la date du début du travail humain. Les instruments les plus sommaires, appartenant à l'industrie des galets travaillés, ont été découverts à Koobi-Fora, près du lac Turkana, dans le Nord du Kenya, et dans la vallée de l'Omo, en Éthiopie. On a découvert dans les couches volcaniques anciennes de cette région aride et montagneuse, située entre le fossé de l'Afrique orientale et la mer Rouge, des fossiles de différentes variétés d'Australopithèques et, plus rarement, quelques ossements d'*Homo Habilis.* Ce sont ces derniers précisément, qui sont souvent accompagnés d'outillage primaire attribué à cette famille. Il s'agit de petits instruments façonnés dans le silex et autres minéraux locaux en forme de racloir, outil élaboré par percussion jusqu'à ce qu'il présente une arête. On récupérait également les éclats obtenus lors de ce travail. Le tranchant de ces outils était encore très grossier, à peine ébauché, et il méritait les retouches qu'on lui apporta par la suite.

L'industrie des galets aménagés a été l'activité principale de l'homme pendant des centaines de milliers d'années. A côté de petits racloirs, on réussit à élaborer de gros outils à un tranchant et bien d'autres formes encore, taillées également dans les nodules de silex. A chaque fois, on récupérait les petits éclats qui avaient d'emblée des arêtes bien coupantes, ne nécessitant pas de retouches. Mais, dès le Paléolithique inférieur, on note un certain progrès qu'on peut observer de façon très nette sur les séries d'instruments en pierre qui se sont accumulées, au cours des âges, dans les couches successives du célèbre site archéologique d'Olduvaï, en Tanzanie. On constate une tendance à prolonger le tranchant jusqu'à ce qu'il forme une pointe. On obtenait ainsi un instrument en forme d'amande, et d'aspect de plus en plus équilibré et harmonieux. Après ces outils dont la forme était obtenue au hasard de la fabrication, apparut le premier instrument stéréotypé, le coup-de-poing. Au Paléolithique inférieur, l'*Homo Erectus* en fabriqua pendant des millénaires, en débitant les nodules de silex, plus tard, dans les gros éclats. Le coup-de-poing existait dans tout le monde habité de cette époque : il ne s'agissait pas d'une création individuelle qui se contentait d'arranger au hasard la forme initiale de la pierre, mais d'une fabrication organisée dont on se transmettait le secret, de génération en génération, et d'une horde à l'autre.

Il est permis d'imaginer, par ailleurs, qu'il existait un mode de communication entre les hommes pour transmettre des concepts abstraits issus d'une expérience.

Et, en effet, la science d'aujourd'hui considère que déjà les Australopithèques manipulaient une sorte de langage sommaire qui n'avait plus rien de commun avec les cris inarticulés des singes. Cette hypothèse est d'autant plus plausible en ce qui concerne l'*Homo Erectus*. La forme et la disposition de son cerveau qu'on peut déterminer à partir de moulages, laissent supposer qu'il devait posséder un vocabulaire déjà riche, limité toutefois à des concepts concrets. Le langage se développait grâce au travail, car c'est en façonnant les outils ou en chassant que les hommes sentaient la nécessité de communiquer et de partager leurs impressions.

Le coup-de-poing possède des qualités qui n'existaient pas auparavant, c'est-à-dire l'équilibre et la symétrie, parfois même des tentatives de présentation esthétique. Cet outil devait être fréquemment utilisé et faire ses preuves, puisqu'il s'est maintenu si longtemps sans modification notable. Il était sans doute polyvalent : on l'utilisait pour déterrer

Par des améliorations répétées, les «artisans» du Paléolithique finirent par donner au coup-de-poing sa forme définitive, parfaitement symétrique, fine et équilibrée : celle des coups-de-poing en forme de «feuille de laurier».

les racines comestibles, pour tuer les animaux, pour débiter la proie, couper la viande et la peau, pour apprêter la peau ou pour abattre de jeunes arbres. Selon certaines hypothèses, on pouvait même le lancer. Les coups-de-poing plus fins représentant un stade plus évolué, pouvaient être fixés dans un manche en bois à l'aide de fibres végétales. C'était en même temps un produit bien plus délicat à élaborer, exigeant déjà une habileté et une pierre de bonne qualité.

Si l'on se fonde sur l'ancienneté des couches sédimentaires d'Olduvaï dans lesquelles on a trouvé le coup-de-poing, on peut conclure qu'on fabriquait ces instruments en Afrique il y a un million et demi d'années. A la même époque, l'outillage qui existait en Europe, était beaucoup moins élaboré et équilibré que le coup-de-poing. Les plus anciens instruments découverts sur le continent européen sont un racloir, obtenu par la percussion d'un galet, et quelques éclats grossiers provenant de la caverne de Shandalia, en Yougoslavie, au nord de la mer Adriatique, enfin quelques galets, sommairement travaillés, trouvés à Chilhac, dans la Haute-Loire. Des outils plus récents, qui datent à peu près d'un million d'années, ont été découverts dans une grotte de Vallonet, sur la Côte d'Azur. L'Europe se trouvait donc à la périphérie du monde habité dont les frontières s'élargissaient peu à peu grâce à l'*Homo Erectus* et à son coup-de-poing.

Si, comme nous venons de le voir, le coup-de-poing apparut relativement tard en Europe, on l'utilisa, par contre, pendant très longtemps. Ils est intéressant de constater qu'il s'implanta surtout à l'Ouest du Rhin; en Europe centrale et orientale, il était rare : on y utilisait plutôt des racloirs. C'était, apparemment, une question de matériau adéquat. La matière première par excellence de la plus grande partie de l'outillage paléolithique était le silex. C'est une variété dure et impure de quartz calcédoine, parfaitement scissile, dont les rognons se trouvent dans les couches calcaires et crayeuses du Nord-Ouest de l'Europe. Ce minéral était idéal pour l'élaboration des coups-de-poing, preuve en est le nombre très important de ces instruments, découverts dans les vallées des fleuves français et britanniques. Par la suite, on utilisait de gros éclats de nodules de silex qui permettaient d'obtenir des tailles plus précises et un tranchant plus régulier.

Avec le temps, on s'est aperçu qu'on pouvait façonner ces fragments selon diverses formes. Il y a un quart de million d'années, l'homme réussit à prêter à la pierre la forme qu'il désirait. L'aspect de l'outil n'était donc plus laissé au hasard et, dès la première percussion à la pierre sur un rognon de silex, on obtenait précisément l'éclat qu'on souhaitait. Cette technique représente un tel progrès dans l'industrie du débitage du silex, qu'on la considère comme le début d'une nouvelle période, le Paléolithique moyen.

Qu'on rencontre les premières traces de l'*Homo Sapiens* avec l'émergence d'une nouvelle technologie n'est sûrement pas dû au hasard. Rien d'étonnant à cela, car le développement des instruments suivait de près l'évolution de la main, du cerveau, de la morphologie humaine en général, ainsi que celle de la société. Au Paléolithique moyen, on assiste à la diversification des outils selon leur utilisation. Les hommes de Neandertal connaissaient, en dehors des coups-de-poing apparus tardivement, deux sortes d'outils : des grattoirs et des pointes. Le grattoir avait un tranchant droit ou courbe, retouché par des enlèvements successifs plus ou moins fins de petits éclats. Cet instrument servait au traitement de la peau. Quant à la pointe, on l'obtenait en retouchant partiellement les fins fragments, récupérés d'un nodule de silex éclaté.

Au Paléolithique supérieur, les hommes

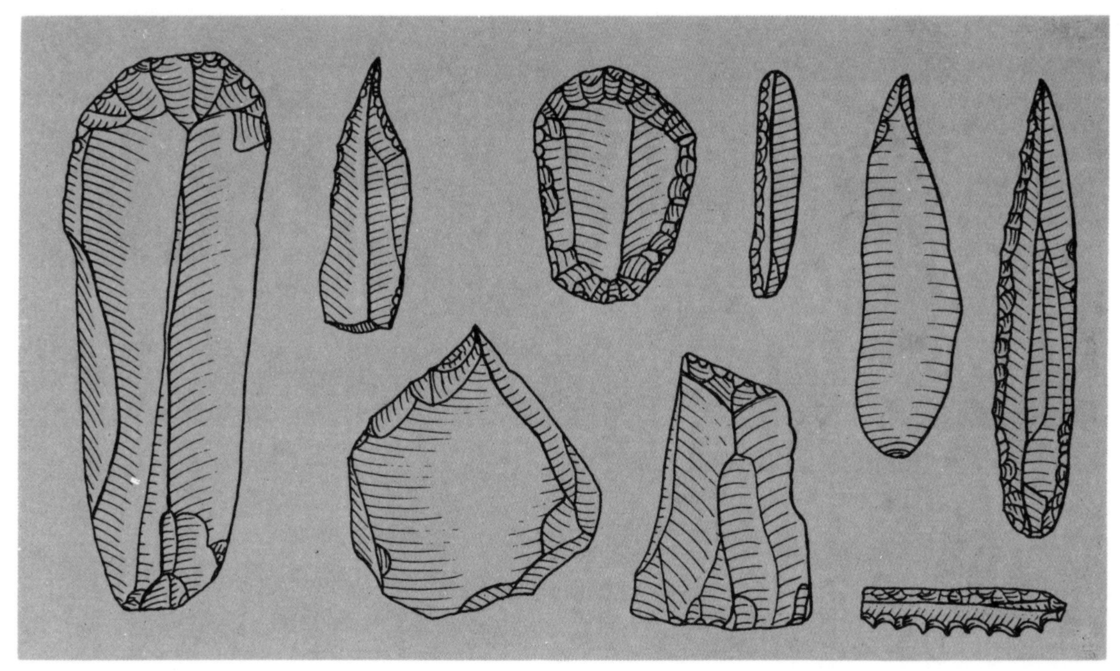

Quelques échantillons d'outils en silex, les plus courants au Paléolithique supérieur : des grattoirs (en haut à gauche et au milieu), des burins (en bas), un perçoir (le second, à gauche), des pointes (en haut, à droite), une scie (en bas, à droite).

fabriquaient et utilisaient déjà toute une gamme d'instruments nettement spécialisés. Les éclats qu'on préférait alors étaient ceux dont la longueur était supérieure à la largeur. C'était donc une sorte de lame. Les fabriquants d'outils du Paléolithique supérieur devaient être déjà spécialisés dans ce travail, car un outillage aussi fin et perfectionné ne pouvait plus être élaboré par n'importe qui. Ces lames étaient longues, fines et symétriques, façonnées dans un nodule de silex. On reprenait ensuite les tranchants en retouchant précautionneusement les arêtes. Ces finitions ne se faisaient plus en percutant deux pierres, technique assez fruste, mais à l'aide d'un burin en os ou en bois, ou encore, en repoussant de fines pellicules de silex avec un bâtonnet en bois. Le silex est si parfaitement scissile que cette technique est tout à fait possible.

Ainsi, l'outillage des chasseurs de mammouths et de rennes s'enrichit de toute une série d'instruments nouveaux ou considérablement améliorés. Le plus bel outil en pierre était le biface, seconde génération du coup-de-poing massif du Paléolithique moyen. Le biface était finement taillé sur ses deux faces de sorte qu'on obtenait un instrument parfaitement calibré, ayant la forme et l'épaisseur d'une feuille de laurier. On l'utilisait fréquemment comme pointe de lance ou de javelot. Mais, la plupart des instruments provenaient des lames ou des éclats en forme de lame à long tranchant. On obtenait ainsi des racloirs et des grattoirs qui servaient à travailler le cuir et le bois, des burins pour le travail de l'os et de la corne ou bien pour exécuter des gravures rupestres, ainsi que des perçoirs qu'on utilisait pour perforer la peau et peut-être même le bois et la corne. On confectionnait de la même façon des couteaux, des pointes diverses, ainsi que d'autres formes.

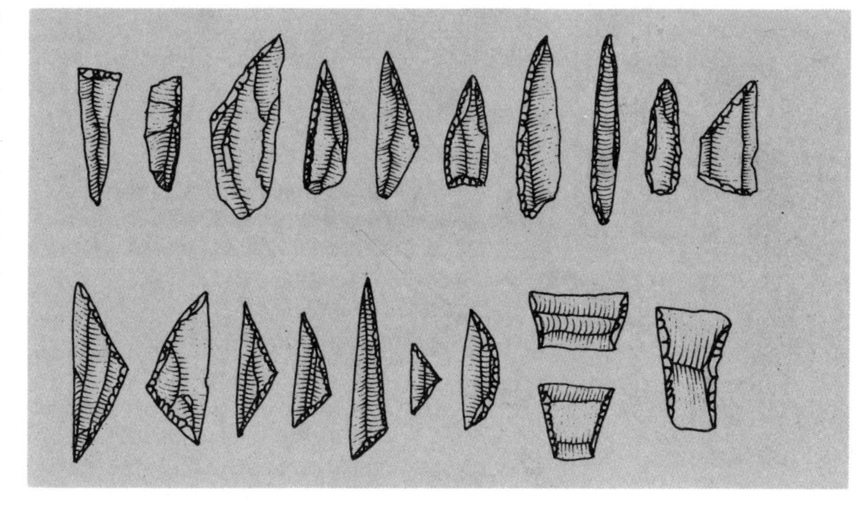

Quelques microlithes du Mésolithique : des lames et de fines pointes retouchées (en haut), des pointes de forme géométrique, des triangles, des segments et des trapézoïdes (en bas).

Le silex présentait un inconvénient : on ne le trouvait que dans certaines régions au climat rude, au Nord de l'Europe, dans une bande qui, partant des Iles Britanniques, s'étendait sur le Nord de la France, sur la Bel-

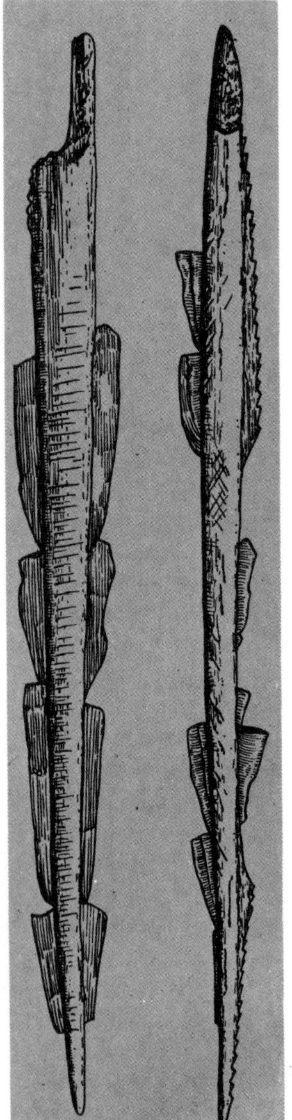

La pointe en os d'une arme de chasse mésolithique pouvait être considérablement améliorée par de fines lames de silex, fixées dans les fentes des deux côtés de la pointe (Suède).

gique et le Nord de l'Allemagne, jusqu'à la Pologne. Les régions qui se situaient plus au nord, étaient recouvertes d'une couche de glace continue. Les hommes du Paléolithique ramassaient le silex dans les alluvions des rivières qui s'écoulaient des glaciers ou bien ils édifiaient de véritables exploitations qui permettaient d'aller chercher les rognons de silex dans les roches calcaires, si elles étaient accessibles depuis la surface. Cette seconde solution était préférable, car le silex qui restait exposé pendant trop longtemps à l'air libre, perdait beaucoup de son humidité et, par la même occasion, de ses qualités scissiles qui faisaient de lui un matériau de choix. Les hordes de chasseurs qui vivaient dans ces régions nordiques ne connaissaient pas de pénurie de matière première. Les autres hordes devaient organiser des expéditions dans le Nord pour s'en procurer ou procéder à des échanges avec des groupes mieux lotis. Parfois on remplaçait le silex par le quartzite, la cornéenne ou l'obsidienne. Cette dernière se caractérisait par une cassure courbe et lisse qui égalait par sa netteté et sa solidité celle du silex. Mais malheureusement, l'obsidienne est encore plus rare que celui-ci.

Outil composé de lamelles de silex

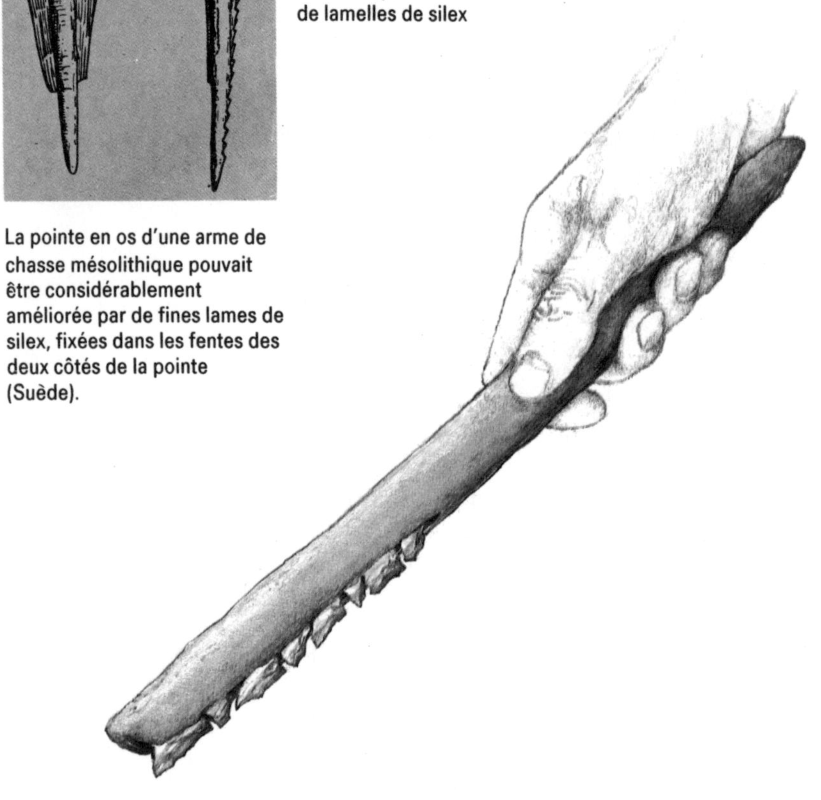

Si nous comparons les instruments provenant du Paléolithique inférieur, moyen et supérieur, nous constatons que la taille et la forme devenaient de plus en plus nettes alors que le volume de l'outil avait tendance à diminuer. Ce phénomène était déterminé par la qualité du matériau de base (on ne pouvait pas confectionner un fin perçoir à partir d'un galet), de même que par la pénurie de silex dans la majeure partie de l'Europe, ce qui obligeait l'artisan du Paléolithique à ne pas gaspiller et à utiliser le nodule de silex jusqu'aux moindres éclats. L'évolution de l'outillage alla jusqu'à adopter des formes minuscules appelées microlithes. On utilisait les plus petits éclats pour fabriquer des pointes triangulaires et trapézoïdales et autres instruments dont la longueur était souvent inférieure à un centimètre. Les microlithes apparurent déjà au Paléolithique supérieur, mais l'apogée de leur fabrication se situe dans la période mésolithique où le continent européen était couvert d'une forêt épaisse qui empêchait les contacts entre les hordes, séparées par de grandes distances. C'est à cette époque qu'on revalorisa les matières premières locales qu'on ramassait dans les vallées des rivières.

La technique sut cependant remédier à la pénurie du matériau de base. Les outils minuscules étaient difficilement maniables et c'est pour cette raison qu'on prit l'habitude, depuis le Paléolithique supérieur, de les fixer à un manche en bois, en corne ou en os, en les attachant avec des lanières de cuir ou de fibres végétales. Les microlithes ne pouvaient être utilisés que de cette manière. Poussés par la nécessité d'exploiter les moindres éclats, les hommes du Paléolithique eurent l'idée de fabriquer des outils composés. Le plus courant était un couteau composé qu'on utilisait pour couper les herbes qui portaient des graines. Pour sa fabrication, on avait besoin d'un morceau de bois droit ou courbe dans lequel on creusait une fente profonde dans le sens de la longueur. On y alignait des lamelles de manière à former un long tranchant et on les collait avec de la résine. Cette nouvelle technique permit d'élaborer un outil beaucoup plus performant qu'une simple lame.

Nous avons déjà signalé que, dans un premier temps, on retouchait les arêtes en détachant les éclats. Par la suite, on s'est aperçu qu'il était préférable de les aiguiser. Les chasseurs de mammouths ne connaissaient pas encore cette technique; la seule exception est le site d'Oenpelli qui se trouve dans le Nord de l'Australie où on a découvert les premières haches aiguisées, vieilles de 20 000 ans.

Le thème des instruments en pierre est loin d'être épuisé. Nous pourrions parler longuement des outils en os ou en corne qu'on pouvait fendre, gratter, couper, scier, racler, perforer et même affûter, comme le montre le burin en os aiguisé, vieux d'un demi-million d'années, qu'on a découvert à Přezletice, en Tchécoslovaquie.

Maintenant, nous savons l'essentiel : l'apparition des outils marque les débuts de l'humanité. Un objet tranchant, trouvé tel quel dans la nature pouvait être utilisé inconsciemment. Un outil élaboré traduit déjà une activité cérébrale et un travail de réflexion propres à l'homme. Au moment où apparurent les outils qu'on utilisait pour la fabrication d'autres objets, l'homme trancha le dernier lien qui l'unissait au monde animal. Il restait le travail conscient, voulu et organisé, où la pensée dirigeait les actions à entreprendre et les étapes à franchir, et conduisait inexorablement l'homme vers la société et la civilisation.

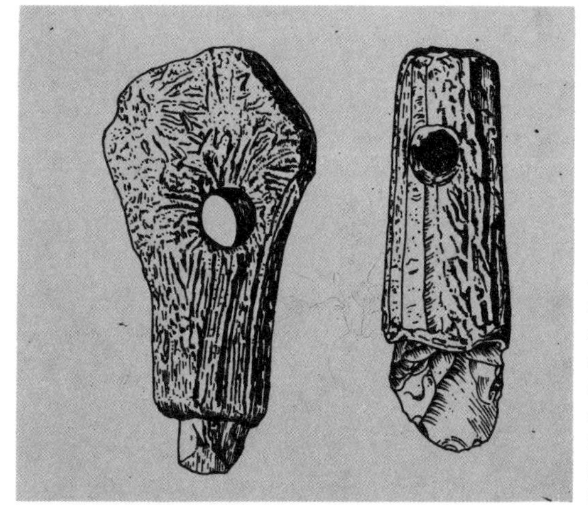

Au Mésolithique, dans le Nord de l'Europe, on avait l'habitude de fixer des hachettes, taillées dans le nucléus de silex, à un morceau de bois de renne qu'on fixait à son tour à un manche en bois, grâce à un trou percé à cet effet (site de Svaerdborg : Danemark).

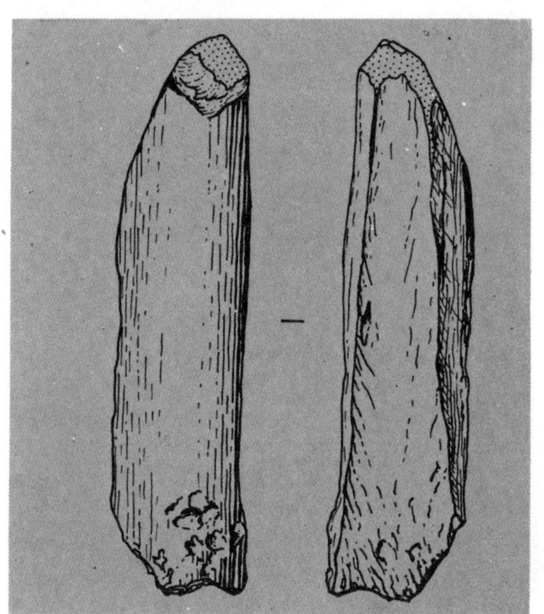

Le vestige le plus ancien de la technique d'affûtage et de polissage est un éclat d'os de chevreuil datant d'il y a trois quarts de million d'années (Přezletice : Tchécoslovaquie). Les surfaces affûtées et polies sont marquées sur les deux faces par des pointillés.

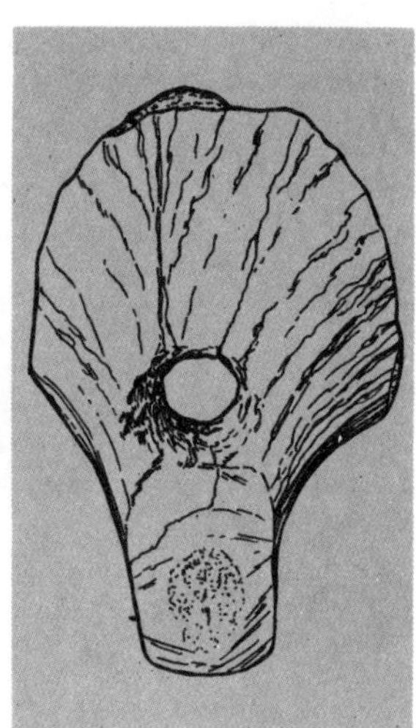

Pioche en bois de renne avec un trou percé pour le manche (site mésolithique Star Carr : Nord de l'Angleterre).

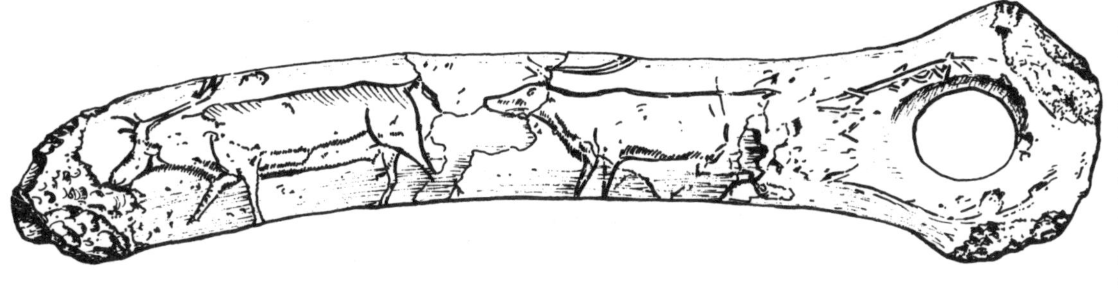

Les objets en os qu'on appelle couramment «bâtons de commandement», servaient probablement au Paléolithique supérieur à redresser les javelots et les flèches en bois. C'étaient des os longs, avec un trou rond, ménagé dans la partie large. Ils étaient souvent décorés de gravures. Cet exemplaire provenant de la grotte de Petersfels (RFA) porte des gravures de rennes.

LA CHASSE

La chasse aux animaux divers est un thème fréquent des œuvres d'art des tribus de chasseurs, du Paléolithique à nos jours (chasse au cerf, peinture rupestre; Alpera : Espagne).

En découvrant les premiers outils, nous avons pu situer dans le temps l'apparition du «premier» homme ou, plus exactement, nous faire une idée approximative de l'époque à laquelle il devait exister un être humain sans caractères simiens. C'est au moment où il se mit à fabriquer des outils dans le but de les utiliser plus tard, pour des tâches diverses. Quelles étaient ces tâches? Elles étaient multiples, même si la vie des premiers hommes restait relativement simple. Il va de soi que les instruments aussi étaient simples : plus on remonte dans le temps, plus ils étaient rudimentaires. Tout au départ, un gros éclat obtenu par la technique de débitage du silex, servait à toute une série de travaux, pour lesquels l'homme élabora par la suite des instruments spéciaux.

Les instruments les plus importants étaient ceux qui aidaient l'homme dans sa quête de nourriture. Les hommes du Paléolithique inférieur se nourrissaient de ce qu'ils trouvaient dans la nature. Tant que le climat restait doux et favorable, le menu naturel était satisfaisant : on cueillait les fruits et les baies dans les arbres et les arbustes, on ramassait les graines de certaines plantes, on déterrait des racines et des bulbes comestibles. La cueillette était l'une des tâches qui incombaient aux femmes et aux enfants. Ils revenaient dans leurs abris, chargés de feuilles, de fleurs, de pousses, de noisettes, mais aussi de champignons, d'œufs d'oiseaux, de coquillages, de miel, d'escargots, de lézards et d'autres petits animaux. La nature était généreuse et ce n'était pas le moment de se montrer difficile.

Mais l'ère du Paléolithique fut éprouvante; le climat doux interglaciaire alternait avec des périodes de glaciation au climat

LA CHASSE

très rude qui duraient pendant des dizaines de milliers d'années. La nature de la plus grande partie du monde habité changea alors d'aspect : les forêts et les prés cédèrent la place à des steppes monotones et même à des toundras, et ce paysage nordique n'abondait plus en végétaux comestibles. Ces steppes, ouvertes à tous les vents, étaient dépouillées d'arbres; les seuls qui subsistaient encore étaient des conifères qui poussaient sur les flancs des montagnes. Au fond des vallées, s'écoulaient des rivières et des ruisseaux qui se frayaient un passage entre les marécages. Toutefois, ce paysage désolé et froid convenait parfaitement à une catégorie d'animaux qui se contentait de sa rare végétation. Nous savons que, lors de la dernière glaciation que nous connaissons le mieux, cette grande steppe offrait ses pâturages à des mammouths, à des rhinocéros laineux, à des troupeaux de chevaux sauvages, de bisons et de rennes qui comptaient des centaines de milliers de têtes. C'était également un terrain de chasse idéal pour les renards polaires, les gloutons, les loups et les ours qui se nourrissaient de lièvres, d'oiseaux ou de la progéniture des grands animaux herbivores.

Quand nous imaginons ce vaste paysage hostile, nous comprenons tout de suite quel genre de nourriture les hommes adoptèrent. Il est tout à fait certain que, pour survivre, ils durent apprendre à chasser. La chasse était donc la seconde source de nourriture qui remplaça ou compléta la cueillette. L'homme du Paléolithique devint alors chasseur, et on a l'habitude de le définir selon les variétés de gibier qu'il pourchassait : ainsi, nous connaissons les groupes des chasseurs de mammouths, vers la fin du Paléolithique, ceux des chasseurs de rennes ou de chevaux sauvages.

Cela ne veut pas dire que l'homme ne chassait pas dans les périodes interglaciaires. La viande était le complément agréable de la nourriture végétale, mais la chasse n'était pas alors une activité vitale. Il est même fort probable que les préhominiens pratiquaient la chasse de menus animaux. La chair du gibier rendait le menu plus riche et varié, car elle contient les éléments nutritifs indispensables au développement du corps humain, qu'il est difficile de trouver dans la seule alimentation végétale. L'importance de la viande était si grande que certains savants considèrent que ce type de nourriture permit à l'homme de développer ses facultés mentales et corporelles, au point qu'il dépassa rapidement le stade simien et se distingua des groupes de primates herbivores.

QUAND L'HOMME EST-IL DEVENU CHASSEUR?

Il est difficile de répondre formellement à une telle question. Il est certain que ce fut un processus de longue durée qui ne s'est pas achevé d'un seul coup. L'homme, habitué à vivre dans la forêt, a dû mettre des milliers d'années pour s'adapter à la vie dans un paysage découvert. Nous savons déjà qu'il lui a fallu adopter la station dressée et la marche bipède pour se déplacer, ce qui libéra ses membres supérieurs pour le travail, et pour la lutte. Dans ces temps difficiles, la différence entre le travail et la lutte était négligeable. Tout travail représentait en quelque sorte une lutte pour la survie dans ce monde hostile. Il faut dire que la nature ne s'est pas montrée spécialement généreuse en dotant l'homme des qualités essentielles lui permettant de survivre. Les hommes au seuil de l'humanité semblaient être destinés à devenir plutôt des proies que des prédateurs redoutables.

Et cependant, les choses évoluèrent contre toute attente. Nous avons déjà démontré

Les pointes de javelots en bois conservées par hasard sont des vestiges très précieux qui témoignent des modes de chasse du Paléolithique inférieur et moyen : à gauche, pointe de Clacton-on-Sea (Grande-Bretagne), à droite, celle de Lehringen (RDA).

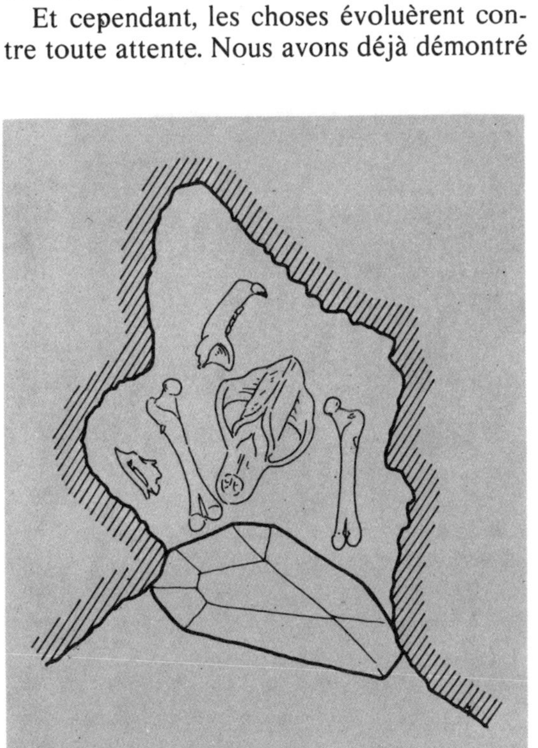

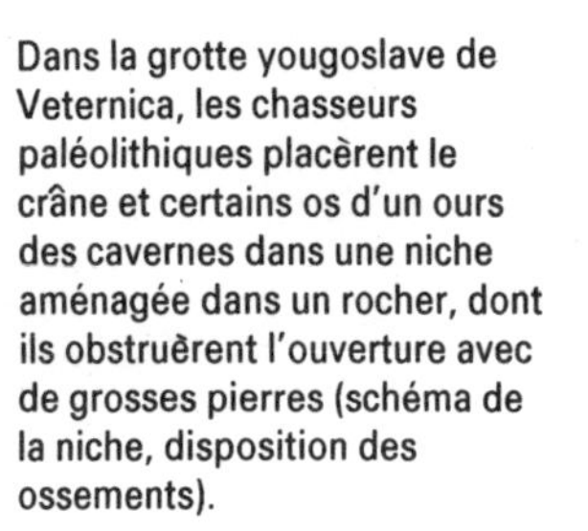

Dans la grotte yougoslave de Veternica, les chasseurs paléolithiques placèrent le crâne et certains os d'un ours des cavernes dans une niche aménagée dans un rocher, dont ils obstruèrent l'ouverture avec de grosses pierres (schéma de la niche, disposition des ossements).

que le travail détermina cette évolution, mais il serait injuste de passer sous silence l'importance des armes à côté des outils de travail.

L'arme est aussi un instrument de travail si nous considérons que c'est à l'aide des armes que l'homme chassait et se procurait sa nourriture. Il semble que, depuis le début de son évolution, notre ancêtre herbivore devint omnivore, ce qui accéléra le développement de sa morphologie et de ses facultés intellectuelles. Mais il ne faut pas croire qu'il s'attaqua d'emblée à des animaux comme les mammouths. Sa force physique, ses armes, ses facultés mentales et la structure sociale ne le lui permettaient pas encore. L'homme était chasseur avant l'apparition des mammouths. Il y a trois millions d'années, les Australopithèques tentaient déjà d'abattre de petits animaux. Les trouvailles faites en Afrique du Sud laissent supposer qu'au fil des siècles, ils s'attaquèrent à des animaux plus gros, comme par exemple des babouins. Ils utilisaient, en guise d'armes, des pierres ou des branches qu'ils trouvaient sur leur passage. Il est presque certain qu'ils ne savaient pas confectionner leurs armes, mais il est difficile de déterminer si l'Australopithèque utilisait cet objet de manière fortuite pour tuer un animal, en le rejetant après. Les fémurs et les mandibules inférieurs d'antilopes étaient les armes de prédilection de cette époque. Il ne faut pas oublier que, pour se procurer la viande, le premier homme n'était pas forcément obligé de tuer. Il lui suffisait de trouver la carcasse d'un animal dévoré partiellement par les grands fauves.

L'*Homo Erectus* du Paléolithique inférieur devait avoir recours à ces mêmes expédients et, pourtant, il était déjà un chasseur accompli et mieux armé. N'oublions pas cet outil remarquable que fut le coup-de-poing. Certains savants considèrent que le chasseur du Paléolithique devait le lancer pour atteindre sa proie. L'idée est, certes, intéressante mais difficile à démontrer. On s'est livré à des expériences avec une copie d'un coup-de-poing, découvert à Olorgesailie, au Kenya, qui mesurait 30 centimètres et pesait 2 kilogrammes. On constata qu'avec un peu

Cette curieuse gravure de mammouth de la grotte française de Font-de-Gaume (Dordogne) fit naître l'idée que les figures rectangulaires (dites tectiformes) ou en demi-cercle étaient censées représenter des pièges qui servaient à capturer de grands animaux. Aujourd'hui, on pense plutôt que le mammouth et la figure se recouvrent par hasard.

d'entraînement, on pouvait y parvenir. Mais, pour une chasse fructueuse, il fallait inventer d'autres armes. Il est évident que le coup-de-poing ne devait pas être très pratique et efficace : quand la pierre est lourde, on ne peut pas la lancer loin et avec précision; elle est également pénible à porter. Une pierre plus légère n'était sûrement pas suffisante pour abattre une bête, le coup n'étant pas assez fort.

Il faut donc éliminer le coup-de-poing comme arme vraiment efficace. Mais quelles armes utilisaient alors les chasseurs du Paléolithique inférieur pour abattre de gros animaux tels les éléphants? Dans certains sites africains, on a trouvé des restes fossilisés d'éléphants qui étaient tués et débités avec des instruments en pierre, pour faciliter le transport des quartiers de viande. Comment expliquer la présence des carcasses de mammouths dont la hauteur atteignait quatre mètres, dans le site de Torralba-Ambrona, en Espagne? Comment les chasseurs s'y sont-ils pris pour les tuer? Qui sait? Les ont-ils poussés à se retrancher dans les marécages où ils ont achevé ensuite les animaux impuissants, pris dans la vase?

Une découverte particulièrement intéressante semble confirmer cette hypothèse. A Lehringen, dans le Nord de l'Allemagne, on a découvert des restes fossilisés de mammouths dans les couches géologiques datant de la dernière époque interglaciaire. Une lance en bois d'if, longue de deux mètres, qui avait une pointe taillée et durcie dans le feu, était restée coincée entre les côtes de l'animal. L'endroit où on avait abattu le mammouth devait être marécageux à l'époque, ce qui nous apporte des éclaircissements sur la stratégie des chasseurs du Paléolithique. Un mammouth enlisé dans la boue était une proie relativement facile : les chasseurs lui assenèrent quelques coups de leurs lances en bois massif, en visant bien les endroits vulnérables dont ils avaient déjà connaissance. Le résultat de la chasse était assuré et, par la même occasion, la nourriture de la horde pour quelques semaines.

La découverte de la lance de Lehringen est un fait exceptionnel, car les outils en bois ne se sont conservés que rarement et dans des conditions particulières. La trouvaille la plus ancienne dans ce domaine est une pointe taillée dans une branche d'if, conservée dans la tourbe à Clacton-on-Sea, dans l'Est de l'Angleterre. Elle provient de l'avant-dernière période interglaciaire et c'est, pour le moment, le bois le plus ancien qui se soit conservé jusqu'à nos jours. Récemment encore, on croyait que c'était une pointe de lance ou de javelot; maintenant, on en est moins certain.

La massue en bois, comme celles qui furent découvertes en Afrique orientale, était également l'une des armes les plus anciennes. On peut supposer que les chasseurs préhistoriques utilisaient d'autres armes de jet qui ressemblaient aux boomerangs dont certains clans de chasseurs se servent encore de nos jours. Mais nous n'avons que des connaissances sommaires sur ce sujet qui sont, de surcroît, difficiles à vérifier. Une chose est certaine : c'est seulement lors de la dernière glaciation, mentionnée au début du chapitre, que les hommes sont devenus d'authentiques chasseurs, dignes de ce nom. Avec l'apparition des hommes du type moderne, il y a quarante ou cinquante mille ans, commença à s'écrire une nouvelle page de l'histoire de la chasse. Ce tournant a pu être réalisé grâce à l'invention de l'arc et des flèches.

Déjà au Paléolithique, les chasseurs mettaient des peaux de bêtes pour approcher leur proie. La peinture de la grotte de Cueva Remigia en Espagne, représente apparemment un homme vêtu d'une peau d'auroch, et tenant un javelot à la main.

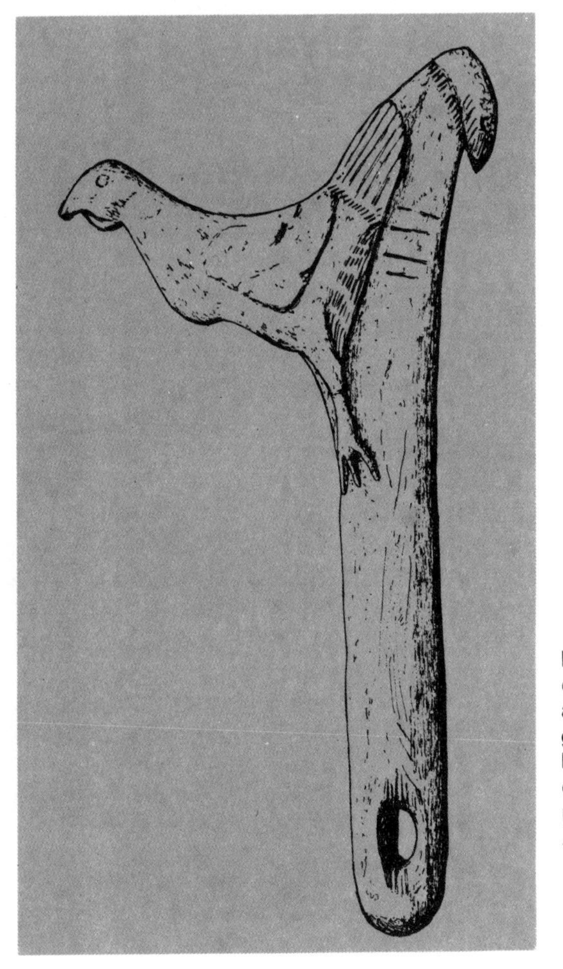

Propulseur de javelots en os, décoré d'une gravure d'oiseau appartenant à la famille des gallinacés. Cette gravure est l'une des rares représentations d'oiseaux dans l'art paléolithique (Mas-d'Azil : Ariège).

LES ARMES DES CHASSEURS DE MAMMOUTHS ET DE RENNES

L'homme du Paléolithique supérieur savait exploiter ses capacités intellectuelles, mieux que ses prédécesseurs. Son outillage était nettement plus perfectionné. Il ne devait pas avoir un vocabulaire riche, mais utilisait sûrement une protolangue structurée à peu près comme la nôtre, ce qui a permis aux membres de la horde de mettre au point la stratégie de la chasse, et d'échanger leurs impressions sur son déroulement. Actuellement, les scientifiques sont en désaccord sur la manière dont ils chassaient les plus gros animaux, les mammouths ou les rhinocéros laineux. Certains considèrent que les capacités et forces humaines ne suffisaient pas pour affronter un tel animal et qu'ils devaient donc le capturer au moyen d'un piège, un gros trou creusé dans un endroit propice (probablement sur le chemin qui menait vers le point d'eau), et recouvert de branches; mais, à ce jour, aucun de ces pièges n'a encore été découvert.

Il est peu probable que les centaines d'ossements de mammouths recueillis dans les sites soient le résultat de la chasse au moyen d'un piège ou qu'ils soient provenus de carcasses d'animaux morts. Il n'en reste pas moins que la capture d'un géant comme le mammouth nécessitait une bonne part de courage, de force, d'habileté et de coopération entre les chasseurs.

Pour chasser les animaux de moindre taille mais plus rapides, il fallait mettre au point une tactique différente. Il n'était pas question, par exemple, de cerner un troupeau de

chevaux sauvages. Et c'est justement en essayant de résoudre ce type de problèmes que l'homme s'est aperçu de l'atout qu'était son cerveau. La preuve en est une couche épaisse de squelettes fossilisés représentant au total un «troupeau» de cent mille têtes. On l'a découvert sous une falaise à proximité de Solutré, en Bourgogne. La seule explication valable, c'est que les chasseurs de la dernière glaciation eurent vraiment une idée de génie sur la manière de se procurer la viande de cheval : le troupeau qui eut la malchance de s'aventurer sur le plateau au-dessus de la vallée, a été rabattu par les chasseurs jusqu'au bord de la falaise et précipité de cette hauteur de plus de trois cents mètres. Ils devaient avoir souvent recours à cette ruse pour accumuler une telle quantité d'ossements. Cela dut être l'œuvre de plusieurs générations.

Certaines des armes de chasseurs de mammouths, de rennes et de chevaux qu'on a trouvées, n'étaient pas originales. On utilisait toujours des lances et des javelots, équipés parfois d'une pointe en pierre, en os ou en ivoire de mammouth; on a même trouvé toute une lance en ivoire dans une grande tombe découverte à Sungir, à l'Est de Moscou. Cet éclat d'ivoire, une fois redressé, mesurait deux mètres et demi. Les chasseurs du Paléolithique de l'Amérique du Nord avaient inventé une lance munie d'une pointe mobile qui restait fichée dans la plaie après l'attaque. La lance était destinée au combat rapproché; pour chasser à distance, on utilisait un javelot beaucoup plus léger, qu'on lançait. Ces javelots avaient une pointe en pierre ou en os. La pointe en os était munie d'une ou de plusieurs rangées de dents, de sorte qu'elle formait un harpon attaché à un manche à l'aide d'une lanière de cuir. Cette arme était beaucoup plus dangereuse pour le cheval ou pour le renne qu'une simple lance. Pour donner plus de force à son javelot, le chasseur du Paléolithique inventa un engin intéressant, le propulseur. C'était un court bâton en bois ou en os; le chasseur le tenait par un bout et appuyait le manche de son javelot contre l'autre. Le bras prolongé par le propulseur formait une sorte de levier qui donnait plus d'élan au javelot. L'exactitude du tir ne devait pas être considérable et, pour cette raison, on devait utiliser le propulseur contre un troupeau plutôt que contre un animal isolé.

Les harpons de chasseurs en os ou en corne étaient munis d'une ou de plusieurs rangées de dents (France, fin du Paléolithique).

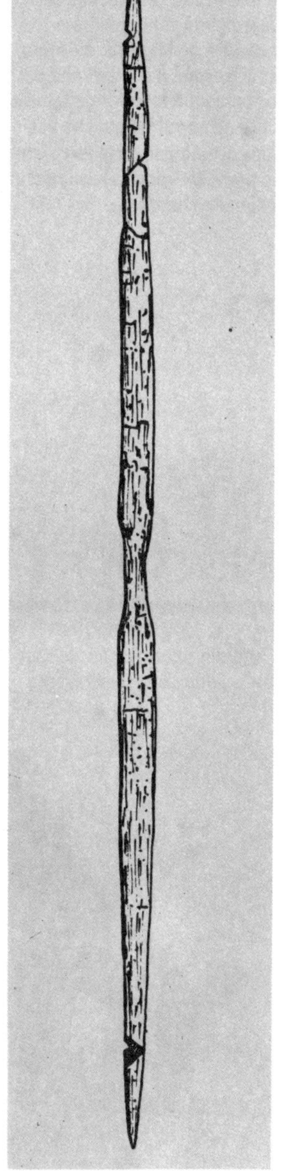

Le bois qui était utilisé pour la fabrication des arcs s'est difficilement conservé, et c'est pour cela qu'il est rare d'en trouver dans des fouilles archéologiques. Celui-ci provient du site mésolithique de Holmegaard, au Danemark. Il est plus cintré au milieu et on peut observer une encoche pour la corde à l'une de ses extrémités.

Nous avons déjà fait allusion aux bâtons de jet découverts en divers endroits, surtout dans des sites du Mésolithique, dans le Nord de l'Europe, où la tourbe avait conservé un grand nombre d'objets en bois datant de cette époque. Certains de ces bâtons rappellent par leur forme les boomerangs des chasseurs australiens et il est même probable que, déjà à cette époque, les chasseurs savaient le construire de sorte qu'il revienne à proximité de celui qui le lance.

La nécessité d'élaborer des armes pour chasser à distance se fit de plus en plus pressante pendant la dernière glaciation. Les mammouths devinrent plus rares et l'attention des chasseurs se porta peu à peu sur les troupeaux d'animaux agiles. Ils possédaient déjà à cette époque et, peut-être même

Un chasseur armé d'un arc et d'un faisceau de flèches est représenté sur la peinture rupestre de la grotte d'Alpera, en Espagne. Il semblerait qu'il soit masqué et la forme tapie à côté de sa jambe gauche est interprétée par certains comme la première représentation d'un chien de chasse.

Un autre chasseur des peintures rupestres d'Alpera est en train de bander un arc dit «réflexible», courbé de telle sorte que sa force soit multipliée et la flèche décochée avec plus d'énergie.

avant, des frondes en cuir pour propulser les pierres, des lassos (telle est au moins l'interprétation que les savants font d'une peinture rupestre ambiguë), des bolas, sorte de lassos composés de longues courroies terminées par des boules de pierre. Toutes ces inventions étaient astucieuses et sans doute précieuses, mais elles ne valaient pas l'arc et les flèches qui furent les premières armes de tir authentiques.

Durcissement des pointes de javelots au-dessus du feu

A la différence des autres armes d'alors, l'arc est le premier appareil véritable. Les autres armes étaient projetées par la force seule que leur prêtait le bras de l'homme. Mais l'arc est un appareil qui cumule l'énergie cinétique. La force s'y accumule peu à peu, au fur et à mesure qu'on tend la corde, et quand on la lâche, la flèche peut traverser une planche de bois, qui plus est la peau d'un animal.

La flèche est plus importante pour l'archéologie que l'arc. Il fallait que l'arc en bois à corde de cuir échoue dans un milieu extrêmement propice, dans la vase ou dans la tourbe conservant le bois à l'abri de l'air, pour qu'il se conserve jusqu'à nos jours. Ces conditions sont également valables pour la flèche à pointe de bois taillé. Mais la pointe en pierre emmanchée dans le bois fendu, collée avec de la résine, s'est conservée très facilement comme n'importe quel autre instrument en pierre. C'est pour cette raison qu'on a plus de renseignements sur les flèches que sur les arcs, car on en trouve en abondance dans les sites paléolithiques.

Mais, ni les unes ni les autres ne nous éclairent sur la date de leurs origines. D'une part, parce que les flèches en bois ont pu exister bien avant l'apparition des pointes en pierre et, d'autre part, parce que nous pouvons très bien ne pas reconnaître les toutes premières pointes en pierre. La pointe stéréotypée avait la forme d'un petit couteau travaillé sur les deux faces, se terminant à l'autre extrémité par un bout fin et retouché qui ressemblait à un clou et qui maintenait la pointe dans le bois. Ce stéréotype provenait dejà de l'époque des chasseurs de mammouths. Presque à la même période, apparurent des pointes dont la forme rappelait celle

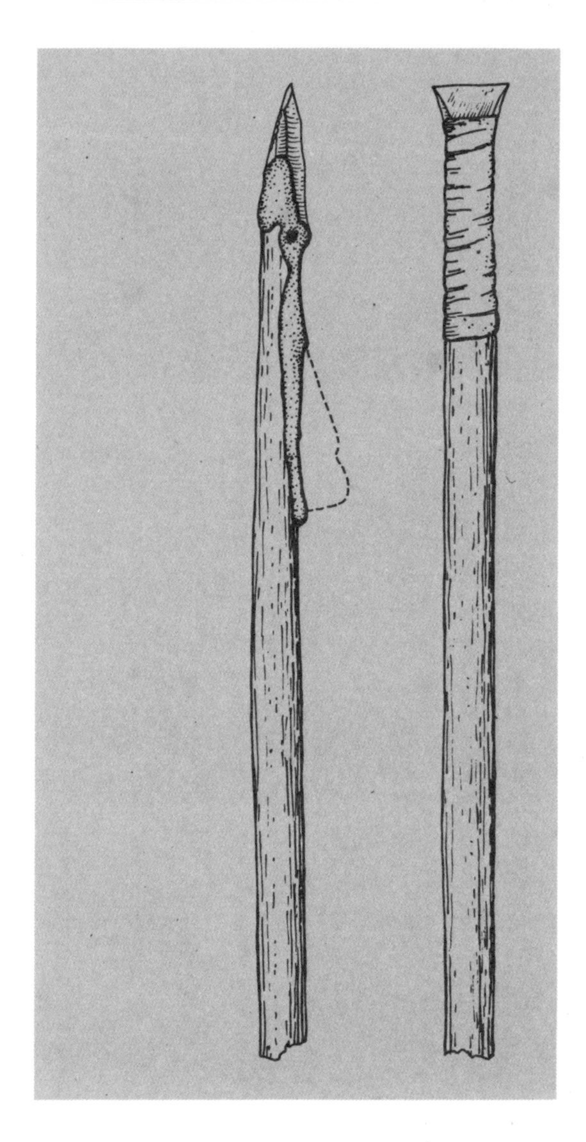

Ainsi, est-il impossible de déterminer avec exactitude de quelle période date l'arc. Une chose est certaine : les chasseurs de rennes de la fin du Paléolithique supérieur, il y a dix ou quinze mille ans, en possédaient déjà. Les chasseurs de mammouths le connaissaient peut-être également; dans ce cas, il faudrait ajouter encore dix mille ans à son âge. Mais nul ne sait ce qui précédait. Il est peu probable que l'arc soit plus ancien que la dernière glaciation; ses inventeurs devaient être des hommes du type moderne.

L'invention de l'arc était d'une importance capitale, presque aussi importante que la découverte du feu. L'arc modifia totalement la manière de chasser : il prêta à l'homme une force beaucoup plus grande et lui permit de chasser à distance des animaux rapides et farouches. Dommage que nous ne sachions pas à quoi ressemblaient les arcs les plus anciens; ils ne se sont malheureusement pas

Des vestiges rares du Nord de l'Europe montrent comment on fixait, au Mésolithique, des pointes en silex aux flèches en bois à l'aide de la résine ou de fibres végétales (à gauche, flèche de Lilla Loshult : Suède. La résine est marquée par les pointillés. A droite, flèche de Tvaermose : Danemark).

Utilisation d'un propulseur à javelots

des flèches métalliques plus récentes. Elles étaient triangulaires, avec parfois des ailettes sur les côtés, très plates, taillées sur les deux faces dans le silex. Elles se terminaient également par une épine fine. Une telle flèche n'est pas difficile à reconnaître; malheureusement, elles n'étaient pas toutes aussi belles. Quand nous examinons attentivement les squelettes fossilisés des animaux, nous découvrons parfois une pointe plantée dans l'os, souvenir d'une chasse ancienne, et nous apercevons alors qu'elle ne ressemble même pas à une flèche. Prenons, par exemple, l'éclat qu'on a récupéré dans le museau d'un loup dont le crâne a été trouvé à Dolní Věstonice, en Moravie, dans un site de chasseurs de mammouths. Il s'agissait d'un éclat de silex large et plat qui, dans d'autres conditions, serait sûrement passé inaperçu.

conservés jusqu'à nos jours. Toutefois, on a découvert à Stellmoor, près de Hambourg, deux fragments d'arc qui appartenaient aux chasseurs de rennes du Nord de l'Europe, et qui dataient de la fin du Paléolithique. On a même eu la chance de trouver au même endroit une pointe en pierre, plantée dans le sternum d'un renne.

Du Mésolithique qui succéda au Paléolithique, nous parviennent, par contre, des dizaines d'arcs ainsi que leurs fragments. Nous pouvons supposer à juste titre qu'il ne devait pas y avoir de grande différence entre ces arcs et leurs formes les plus anciennes. Ils se sont conservés grâce au changement climatique qui modifia le paysage. La dernière glaciation était finie; le temps s'étant adouci, il fit reculer les glaciers du continent vers le Nord. Dans les plaines du Nord de l'Europe, d'innombrables lacs de glace fondue se constituèrent dans leur sillon. Les animaux aimant le froid, comme les rennes, partirent vers le Nord, car ils n'arrivèrent pas à s'adapter aux nouvelles conditions de vie. Une riche végétation poussait sur les rives des lacs et se multipliait au fur et à mesure que le climat s'adoucissait. Bientôt, la plaine fut couverte d'une forêt épaisse. C'est à ce moment que l'arc trouva une nouvelle utilisation, car le mode de chasse changea, de même que le gibier.

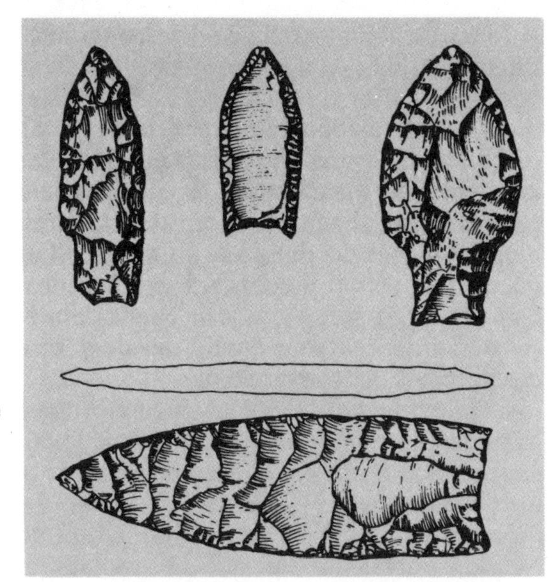

Au Paléolithique, les pointes de flèches ou de lances en silex étaient travaillées de manière à présenter une forme à la fois harmonieuse et fonctionnelle. (Les exemplaires représentés proviennent des États-Unis).

La peinture postpaléolithique exécutée sur un rocher à Gassula, en Espagne, représente un groupe de sangliers poursuivis par des archers : un grand sanglier, en haut à gauche, est atteint par plusieurs flèches, un plus petit, situé au-dessus, est déjà probablement mort.

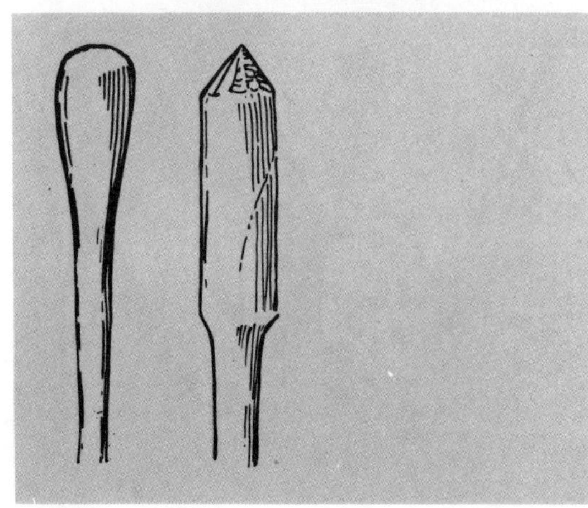

Dans les tourbières danoises, on a découvert des flèches mésolithiques, avec des embouts en bois, destinées à la chasse aux oiseaux.

LA CHASSE SUR L'EAU

Les mammouths disparaissaient, les rennes s'en allaient et les forêts se peuplèrent d'un gibier qui n'était pas sans rappeler celui qui existe aujourd'hui : cerfs, chevreuils, sangliers, ours et aurochs. Les animaux ne vivaient plus en troupeaux, mais isolés; le chasseur devait les pister et guetter, et ce mode de chasse demandait beaucoup d'habileté et de patience. L'arc se révéla alors extrêmement utile. Il est difficile d'évaluer combien de fois le chasseur devait l'utiliser avant de le jeter, l'oublier ou le perdre. Heureusement pour la postérité, cela arrivait souvent à proximité de l'eau. Les sites mésolithiques se trouvaient, la plupart du temps, au bord des lacs ou des rivières. En dehors des animaux, les chasseurs s'attaquaient aux oiseaux vivant dans les roseaux. Lorsque la flèche et, plus rarement, l'arc se perdaient dans la boue, le malheur du chasseur fit le bonheur de l'archéologue. Il ne faut pas oublier que la plupart des lacs du Nord de l'Europe de cette époque ont disparu depuis longtemps. Ils furent envahis par la végétation et se transformèrent en marécages et en tourbières dont le sol humide conserva les objets en bois à l'abri de l'air et en sauvegarda un certain nombre pour la postérité.

La plus belle flèche qu'on possède a été trouvée à Loshult, en Suède. Elle est en bois de pin et mesure 88 centimètres. Sa pointe est composée de deux fins éclats de silex, collés au bois avec de la résine. L'un servait de pointe à proprement parler, l'autre, tourné en arrière comme un crochet, faisait de la flèche une sorte de petit harpon et donc une arme beaucoup plus meurtrière. On estime l'âge de cette flèche à neuf mille ans environ.

Dans le Nord de la Russie, dans un site archéologique appelé Viss I, à proximité du lac Sindore, on a pu mettre la main sur trente et un arcs conservés dans la tourbe et dont la longueur variait entre 1 mètre et 1,50 mètre. Il ne s'agit que de gros fragments; à l'origine ils devaient être bien plus longs et ils n'étaient pas tous de la même forme. Ils proviennent du 6ᵉ ou du 7ᵉ millénaire avant J.-C.

Il arrivait souvent que la chasse fût infructueuse : la preuve en est donnée par les squelettes complets d'animaux, chassés par des archers mésolithiques. L'animal blessé se réfugiait dans le marécage où il périssait dans la boue sans que le chasseur puisse retrouver sa trace ou le récupérer. Ainsi a-t-on pu dégager le squelette d'un aurochs imposant qui est aujourd'hui exposé au Musée National de Copenhague. On a marqué sur

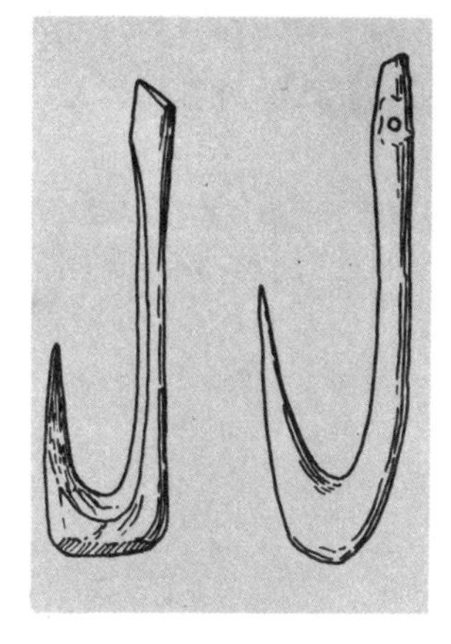

Les vestiges qui témoignent de l'existence de la pêche, sont les innombrables hameçons datant du Mésolithique (Danemark).

La gravure sur un rocher qui représente la pêche à la ligne sur une petite embarcation date de l'époque de l'Age du bronze (Kville : Sud de la Suède).

Filet de pêche

le squelette les endroits du corps touchés par des flèches : trois pointes se trouvaient entre les côtes, le fragment de la quatrième étant planté directement dans une côte. Les autres pointes échouèrent dans la boue de cette tourbière près de Vig (Jylland, au Danemark) où fut découvert le squelette. Selon toute apparence, l'aurochs a dû être attaqué par toute une horde de chasseurs.

Nous considérons ici les instruments et les armes comme un progrès technologique qui témoigne de l'habileté et des capacités intellectuelles croissantes de l'homme, leur première fonction étant d'aider l'homme à survivre et de lui procurer sa nourriture. Mais voilà qu'un jour, l'homme tourna son arme contre un autre homme (à Téviec, sur une petite île bretonne, on a découvert, dans un site mésolithique, des squelettes humains avec des pointes de flèches fichées dans les

Parmi les gravures nordiques, on peut trouver des représentations de pêche au harpon.

os). Ainsi commença une nouvelle étape de l'histoire de l'humanité qui, malheureusement, n'est pas close de nos jours.

Ici s'achève notre récit sur les chasseurs primitifs, leurs armes et leur gibier tout en sachant que nous n'avons qu'effleuré ce sujet. Mais, parlons maintenant de la pêche qui, pour les chasseurs du Paléolithique, avait apparemment moins d'importance que la chasse, même si nous trouvons des représentations de poissons dans certaines peintures rupestres, découvertes dans des grottes françaises ou comme motif décoratif de certains objets de cette époque. Par contre, la chair de poisson était l'une des composantes de base du menu des hommes du Mésolithique. Les berges des rivières et des lacs étaient devenues un vaste terrain de chasse où on mit à contribution le javelot, le filet et la canne à pêche. La pêche au javelot est restée courante jusqu'à nos jours et est pratiquée par diverses peuplades dans tous les coins du monde. Des restes de filets de pêche équipés de flotteurs et de poids se sont conservés dans les tourbières de Finlande et d'Estonie. Mais il subsiste des doutes concernant les hameçons qui pouvaient être taillés dans le bois et pourvus d'une petite pointe en pierre, en os, en corne ou en coquillage; cependant, ces trouvailles, peu nombreuses, ne sont pas concluantes et leur interprétation reste incertaine. On a trouvé dans le Sud de la France des hameçons en corne qui datent de la fin du Paléolithique. Une des extrémités du crochet est perforée pour qu'on puisse l'attacher à la ligne. Il est bien conçu, mais beaucoup trop gros, et on se demande quel type de poisson aurait pu l'avaler. On a découvert un fragment d'hameçon analogue dans un site de chasseurs de mammouths à Mésine, en Ukraine, mais pouvait-on l'utiliser là-bas pour la pêche? Ne l'utilisait-on pas plutôt pour accrocher des vêtements et des objets? Quoi qu'il en soit, de nombreuses arêtes de poisson trouvées dans les sites mésolithiques prouvent bien que les hommes pêchaient et mangeaient du poisson, et c'est surtout cela qui compte.

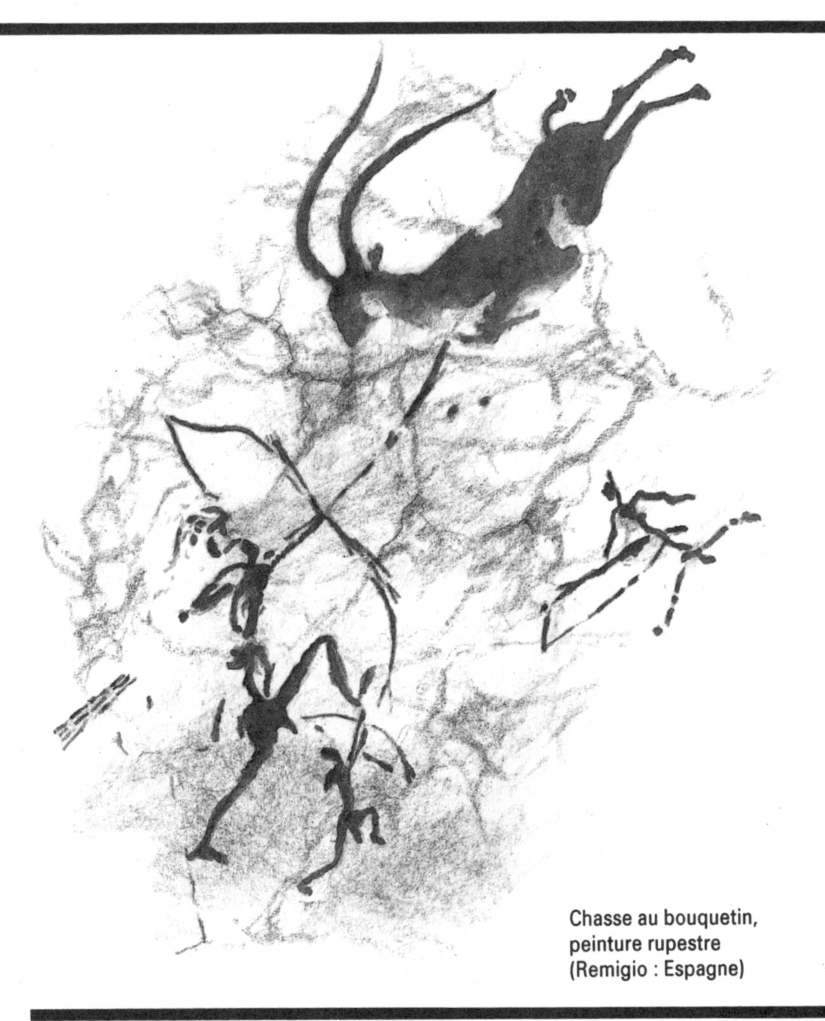

Chasse au bouquetin, peinture rupestre (Remigio : Espagne)

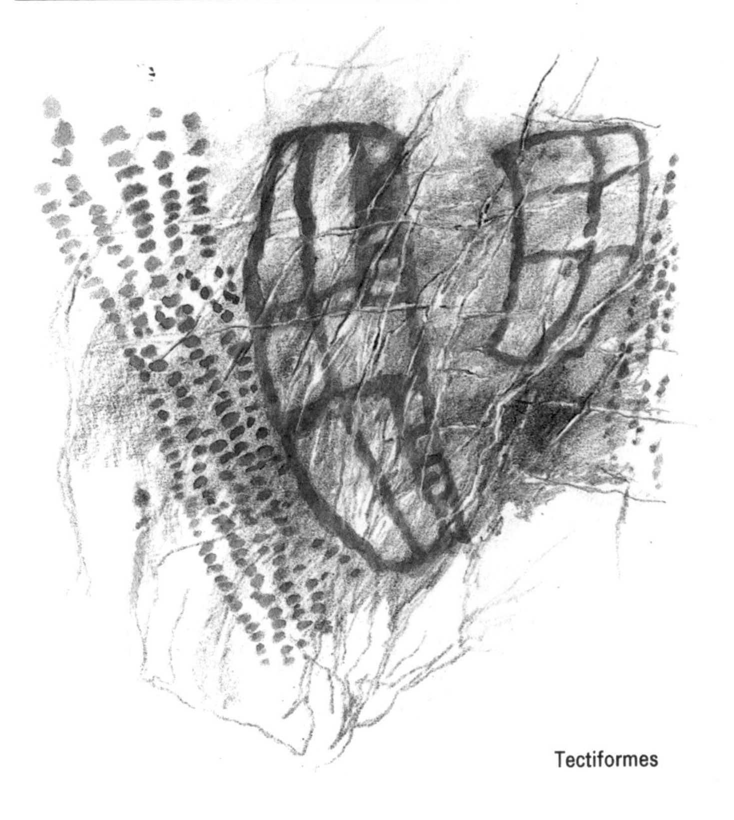

Tectiformes

LE FEU

Nous avons tous éprouvé la sensation de bien-être inimitable que procure le feu de bois, le soir, sous un ciel étoilé. Tout est plongé dans l'obscurité et le feu devient le centre de notre petit univers. Ce sentiment de grandeur de la nature comparée à notre insignifiance nous envahit bien que nous soyons des hommes du XXe siècle. La lumière électrique est, à nos yeux, chose courante, et nous savons préparer notre nourriture d'une manière plus simple et plus rapide qu'en utilisant le feu. En quoi consiste donc le charme du feu qui agit encore sur nous avec la même force qu'autrefois? Serait-ce une chose profondément enfouie dans notre inconscient qui nous unit encore à l'homme du Paléolithique?

Même pour les chasseurs de ces temps reculés, le feu représentait autre chose qu'une aide et une sorte d'outil un peu particulier. Le foyer était réellement le centre de leur monde, au sens propre du terme. Quand les hommes ont compris les nombreux services que le feu pouvait leur rendre, ils les ont exploités et s'y sont habitués au point qu'ils ne purent plus s'en passer.

LES UTILISATIONS DU FEU

Il est évident que les hommes ne comprirent pas d'un seul coup toutes les possibilités que le feu leur offrait. Mais, à l'époque des chasseurs de mammouths, l'utilisation du feu était déjà chose courante. On allumait des feux dans tous les endroits habités : de manière permanente dans les grandes huttes d'hiver, pour une nuit, dans les campements provisoires des chasseurs, lors de leurs déplacements. Selon certaines traces archéologiques, il semblerait que les chasseurs, au moins à une certaine époque et dans certaines contrées, aient adoré le feu et l'aient associé à leurs rites. Quand nous réalisons ce que le feu représentait pour eux, nous n'en sommes nullement surpris. Ses qualités étaient en vérité très nombreuses.

Tout d'abord, le feu procurait la chaleur. Quand nos ancêtres étaient encore plus près de l'animal que de l'homme, ils étaient évidemment bien plus résistants au froid, car les animaux, s'adaptant facilement aux variations thermiques, n'ont pas besoin de se chauffer. D'ailleurs, le climat était relativement chaud à cette époque, surtout dans les endroits où on a découvert pratiquement toutes les traces existantes de ces ancêtres de l'homme, c'est-à-dire en Afrique orientale. Mais, en Europe, au cours de la dernière glaciation, le feu était la condition *sine qua non* de la survie des chasseurs de mammouths. Il servait à chauffer leurs habitations dans lesquelles ils se rassemblaient le soir pour manger et dormir. Il leur permettait de passer la nuit dehors, pendant leurs expéditions de chasse. Il réchauffait leurs membres engourdis pour qu'ils puissent, même en hiver, tailler le silex et manier les outils fins.

Grâce à la chaleur du feu, l'homme a pu survivre et s'implanter de manière permanente en Europe et dans le Nord de l'Amérique et de l'Asie. Tant que les hommes ne connaissaient pas le feu, ils ne faisaient que des apparitions passagères dans ces régions, lorsque le climat s'adoucissait. Mais, quand le temps redevenait rude, pendant les périodes de glaciations, l'homme se retirait dans les contrées méridionales, plus accueillantes. Seul l'homme armé du feu put affronter l'hostilité du climat et survivre dans les régions du Nord, même pendant la dernière glaciation, la plus dure de toutes.

Four aux parois en terre cuite, découvert dans le site des chasseurs de mammouths, à Dolní Věstonice, dans le Sud de la Moravie.

Le second bienfait évident du feu est la lumière qui éclairait l'habitat humain qu'on pouvait fermer alors hermétiquement pour se protéger du froid, des insectes et des animaux à l'affût d'une proie. La lumière chassait l'obscurité que les hommes craignaient, sachant qu'elle dissimulait de nombreux dangers. Elle protégeait l'homme des animaux sauvages qui chassent la nuit, mais évitent et craignent le feu. Le feu permettait à l'homme d'explorer les couloirs souterrains des grottes où la lumière du jour ne pénétrait jamais, et de chasser de là les ours et autres animaux dangereux. La lumière du feu prolongeait le jour, de sorte que l'homme pouvait continuer à travailler le soir, s'il le fallait. Le soir, les chasseurs se rassemblaient autour du feu, racontaient leurs exploits, se reposaient tout en se préparant au lendemain. Au fil des jours, des mois et des années, se

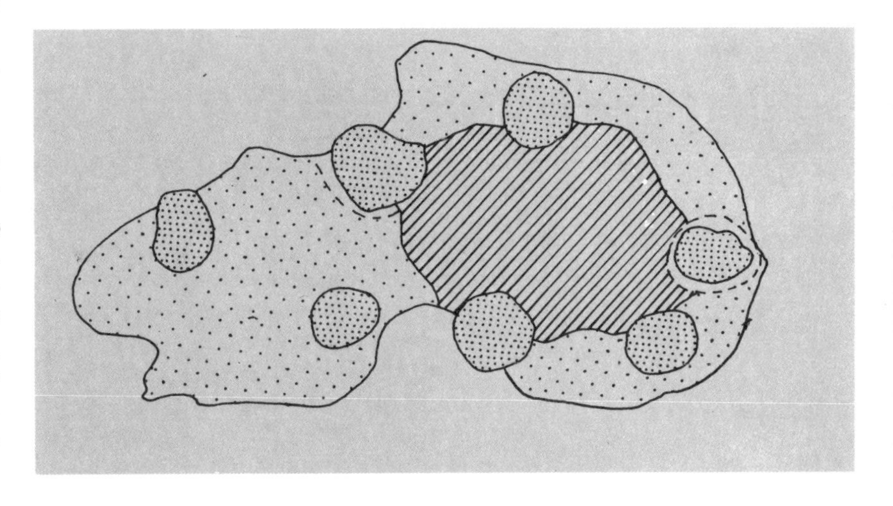

Schéma d'un foyer insolite (Kostiénki : Union Soviétique). On devait faire cuire la viande sous les cendres, dans les cavités qui l'entouraient. Le foyer est représenté par des hachures obliques, les trous par les points rapprochés et les cendres entourant le foyer par les points plus espacés.

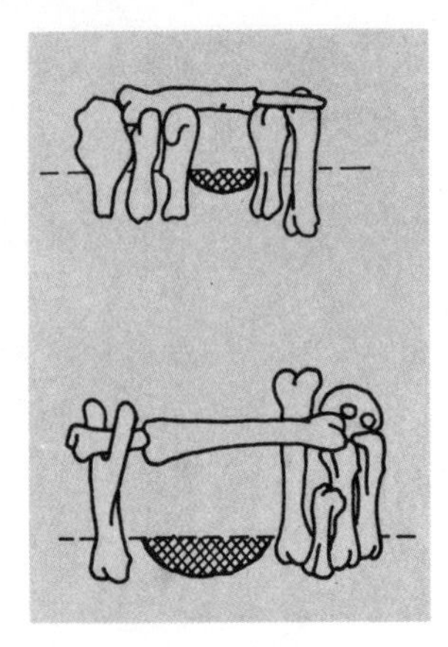

Tournebroche en os de mammouth provenant des huttes des chasseurs de Mejiritchi (Union Soviétique).

forgeait la conviction que ceux qui se réunissent autour du même foyer forment une unité dont les membres doivent travailler ensemble et s'entraider. Le feu était le noyau autour duquel se formait la société humaine.

Le feu servait à la préparation des repas, à cuisiner les aliments, à rôtir et à fumer la viande. L'homme n'est pas carnivore de nature, n'oublions pas que ses ancêtres étaient herbivores. Il a dû s'habituer pendant les siècles de son évolution à ce nouveau type de nourriture. Et la viande est plus digeste et plus facile à manger lorsqu'elle est cuite. Nous avons déjà souligné plus haut l'importance de la viande dont la valeur nutritive accéléra l'évolution de l'homme comparativement aux herbivores appartenant à la même famille. C'est probablement par hasard que l'homme découvrit la possibilité de faire cuire la viande : un morceau de viande tombé dans le feu, des animaux qui ont péri dans les incendies de forêt ou de steppe sans être totalement carbonisés. Pour faire rôtir la viande, les hommes n'avaient pas besoin d'ustensiles sophistiqués : il suffisait d'enfiler les morceaux sur une branche taillée ou sur une sorte de broche rudimentaire. Pour tourner la broche plus facilement, les hommes du Paléolithique devaient utiliser les grands os de mammouth, plantés de chaque côté du foyer, découverts dans certains sites d'Europe orientale ou bien des morceaux de bois, qui, naturellement, ne se sont pas conservés, mais dont les traces se trouvent parfois dans la circonférence du foyer. Et, quand on roulait la viande dans les cendres qui remplaçaient le sel encore inconnu à cette époque, la différence entre la viande rôtie et la viande crue était nette. La viande rôtie fait donc partie des découvertes importantes du Paléolithique.

Mais il existait d'autres procédés : dans le célèbre site archéologique de Kostiénki, en Russie, on a remarqué, lors des fouilles, des trous creusés à proximité des foyers, remplis de cendres mélangées à l'argile, avec, parfois, des restes d'os d'animaux. Il semble qu'on y plaçait des pierres du foyer, chauffées à blanc, sur lesquelles on posait la viande qu'on recouvrait de cendre chaude. Au bout d'une ou deux heures, la viande était cuite à l'étuvée. On pouvait également rouler la viande dans la glaise et la faire cuire directement dans le feu.

Bien que les hommes du Paléolithique n'aient pas possédé de récipients en poterie pour faire cuire leurs aliments, ils savaient exploiter ce qu'ils trouvaient dans la nature : ainsi, utilisaient-ils la peau de la bête ou son estomac en guise de récipient.

Les premiers récipients en poterie sont beaucoup plus récents; ils datent de l'époque où l'homme s'est sédentarisé et a commencé à travailler la terre. Les chasseurs nomades du Paléolithique n'en connaissaient pas l'usage et n'en voyaient pas la nécessité, car ils se déplaçaient sans cesse, en quête de nourriture. Ils savaient, par contre, fabriquer des statuettes d'animaux en terre cuite, beaucoup plus anciennes que les premiers pots.

La viande fumée jouait également un rôle fondamental, car elle permettait aux chasseurs de survivre pendant les périodes difficiles de famine. Parfois, la chasse était si fructueuse que la horde n'arrivait pas à consommer toute cette quantité de viande. Tant que les hommes ne connurent pas le feu, ils n'emportèrent et ne mangèrent qu'une partie de leur proie, abandonnant le reste aux animaux sauvages. La situation changea radicalement quand ils s'aperçurent que la viande fumée était beaucoup moins périssable que la viande fraîche et qu'elle pouvait par conséquent être stockée. C'était, en fait, la première conserve. Les filets de viande ou de poisson fumés représentaient une réserve précieuse qui donnait un sentiment de sécurité aux membres de la horde. Certaines tribus du Nord du Canada, de l'Alaska ou de la Sibérie, continuent encore de nos jours à constituer leurs réserves de viande de cette façon.

Le feu procurait à l'homme le chauffage, la lumière et la nourriture cuite. C'était sa première fonction, la plus importante. Mais on pouvait l'utiliser encore différemment et cela d'une façon qui ne nous vient pas spontanément à l'esprit : le feu rendait service au cours de la chasse. Les chasseurs incendiaient une partie de la forêt pour rabattre les animaux. Cette façon de chasser avait d'autres conséquences positives : la végétation carbonisée fertilisait le sol où repoussait très vite l'herbe qui procurait un pâturage plus abondant aux animaux qui se multiplièrent à leur tour. Les chasseurs faisaient également durcir dans les flammes les pointes taillées de leurs javelots en bois qui devenaient alors plus solides et plus efficaces. Le feu était vital surtout pour les hommes qui n'étaient plus capables de chasser et de subvenir à leurs besoins. Certaines découvertes nous autorisent à supposer que la société des chasseurs de mammouths était déjà si évoluée qu'elle prenait à sa charge les membres âgés ou malades de la horde. On a trouvé dans la caverne française de La Chapelle aux Saints le crâne d'un vieil homme édenté, qui devait l'être bien avant sa mort. Ce vieillard ne pouvait absolument pas manger de viande crue, sa survie dépendait donc des aliments cuits ou rôtis que lui assurait le feu.

Nous pourrions continuer à énumérer ainsi les bienfaits du feu, mais nous nous contenterons de l'essentiel : sans feu, il serait impossible de concevoir la vie des hommes du Paléolithique supérieur. Ce fut leur allié le plus utile et le plus efficace tant qu'ils réussirent à le maîtriser. Les restes calcinés des huttes paléolithiques témoignent jusqu'à nos jours qu'il suffisait de bien peu de choses pour que le petit feu qui brûlait paisiblement dans le foyer central se transformât en un fléau dévastateur, anéantissant en un rien de temps la construction en bois au toit en peau desséchée. Il en était de même pour le feu que les chasseurs allumaient pour rabattre les animaux : il se transformait parfois en un immense brasier, et les hommes devaient alors se sauver avec les animaux pour échapper à cet élément déchaîné. Le serviteur utile pouvait donc devenir à l'occasion un maître féroce.

Tout cela arrivait, il y a des milliers d'années. Mais les morceaux de bois carbonisés, que les archéologues trouvent fréquemment dans les sites paléolithiques, racontent ce que le feu apportait de bon ou de mauvais aux chasseurs. C'est le meilleur matériau dont on puisse rêver pour indiquer l'âge exact de tout le campement. Les méthodes scientifiques modernes savent indiquer exactement l'âge des objets découverts ou des fossiles, avec une marge d'erreur de quelques centaines voire de dizaines d'années.

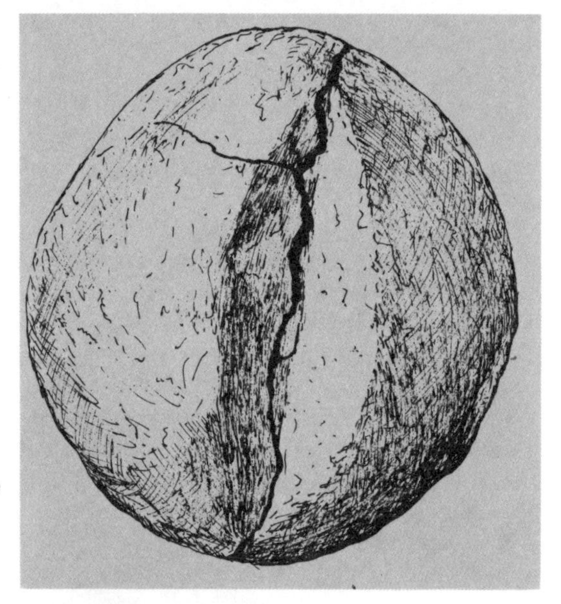

Ce morceau de pyrite de forme sphérique (diamètre 7 centimètres) devait servir à allumer le feu, comme le prouve la fente sur sa surface. Il date de la fin du Paléolithique et on l'a trouvé dans une grotte belge, dite Trou de Châleux.

COMMENT ON ALLUMA LE PREMIER FEU

Personne ne sait quand et où cela arriva pour la première fois. Nous ne le saurons jamais et, après tout, ce n'est pas fondamental. L'homme a dû «faire» le feu plusieurs fois avant de s'en apercevoir : il suffisait de percuter deux pierres de quartz pour faire jaillir l'étincelle. Nous avons du mal à réaliser aujourd'hui combien de temps il fallut à l'homme préhistorique pour comprendre comment utiliser le feu et également comment l'allumer. Mais il y parvint, et ce à l'époque même où l'humanité n'en était qu'à ses premiers pas. Et c'est la découverte du feu qui, avec la fabrication des outils, fit avancer le monde.

Techniques utilisées pour allumer le feu : percussion de deux pierres

Il est inutile d'essayer de retrouver celui qui réussit cet exploit pour la première fois. Les hommes durent y parvenir plusieurs fois et en des endroits différents. Cette découverte du feu a dû être également oubliée avant que son utilisation ne se généralise un peu partout. Ce processus dura des centaines de milliers d'années. Il se compliqua encore davantage lorsque l'homme voulut allumer le feu par ses propres moyens.

Mais où les hommes rencontrèrent-ils le feu? Ils ont dû le connaître dans la nature, dans leur lutte quotidienne pour la survie. Le feu faisait alors partie de leurs ennemis : quand la foudre tombait sur un arbre, elle pouvait dégénérer en incendie meurtrier si les conditions s'y prêtaient. Il pouvait apparaître aussi par l'auto-inflammation des matières combustibles ou par l'activité volcanique, ou bien encore, c'est le soleil qui avait trop chauffé l'herbe sèche de la steppe... Dans certaines régions, les hommes pouvaient remarquer de petites flammes au ras du sol, causées par la combustion du gaz naturel et d'autres gaz, dans les gisements de pétrole.

Dans les premiers livres qui traitent des origines de l'humanité, on relate souvent comment la horde de chasseurs recueillait ce feu naturel, le transportait lors de ses déplacements, tout en le surveillant sans arrêt, car personne ne savait le ranimer. Cette surveillance aurait été confiée à un membre de la horde qui aurait été sévèrement puni si, par mégarde, ce feu s'était éteint. Cela se passait peut-être ainsi, mais la voix du bon sens nous dit qu'il ne devait pas être facile pour ces chasseurs primitifs de transporter le feu partout et à tout instant, par exemple sous une pluie battante. Ce n'est pas non plus de cette façon que le feu aurait acquis l'impact qu'il a eu sur la vie des hommes dans toutes les parties du monde dont la population était encore très clairsemée. Pour cela, il fallait savoir l'allumer. Quand nous demandons des précisions à ce sujet aux ethnologues qui étudient les peuples du monde entier, ils nous énumèrent une liste des différentes façons d'allumer le feu, pratiquées par les tribus de chasseurs d'Afrique, d'Amérique et d'Australie, et même du Grand Nord. Malheureusement, il s'agit, la plupart du temps, de procédés qui ne laisseraient pas de traces matérielles. Aussi n'a-t-on aucune chance d'en découvrir dans les sites archéologiques. Il existe pourtant un procédé qui semble être précisément celui qu'on devait utiliser à cette époque. C'est l'allumage du feu par percussion de deux pierres. Tous ceux qui façonnaient des outils dans le nucléus de silex ou de quartzite, virent fatalement jaillir des étincelles. Pendant la percussion, deux surfaces de la pierre entrent en contact et atteignent pour une fraction de seconde, une température très élevée. De fines particules, chauffées à blanc, se détachent alors de la pierre.

Mais ce n'est que la première étape. L'étincelle se refroidit aussi vite qu'elle s'est allumée et, si elle ne tombe pas dans un milieu propice, elle s'éteint à jamais. Dans un premier temps, cela arrivait par hasard mais, bientôt, l'homme remarqua ce phénomène et la découverte fut faite. Après, il suffisait d'avoir deux pierres convenables et un peu d'amadou bien sec sous la main pour pouvoir allumer le feu à tout moment.

Le succès de l'opération réside en la qualité des pierres : le minéral qui convient le mieux est le silex contenant du quartz. Au siècle dernier, on l'utilisait encore pour fabriquer des pierres à fusil ou à pistolet, mais il existe d'autres pierres de composition analogue qui pouvaient servir à cet usage, et qu'on utilisait d'ailleurs pour la fabrication d'outillages lorsqu'on manquait de silex. En guise de pierre qu'on percutait pour faire le feu, on utilisait la pyrite (terme dérivé du grec *puritês,* dont le radical pur signifie feu) qui est le sulfure naturel de fer.

En toute logique, cette manière d'allumer le feu aurait dû laisser des traces dans les sites archéologiques. Et, en effet, on trouve parfois des morceaux de silex usés qui ne pouvaient servir à la fabrication d'instruments, ni comme matériau de base (nodule), ni comme pierre de percussion qui n'était d'ailleurs pas en silex. Et, pourtant, ces fragments portent des traces de nombreux coups. On suppose donc que c'étaient bien des pierres qui servaient de briquet. Avec un peu de chance, on arrive à trouver des pyrites, ce qui prouve que les hommes du Paléolithique connaissaient déjà ses vertus. Ainsi a-t-on pu découvrir, dans la caverne de Vogelherd qui se trouve dans le Sud de l'Allemagne et qui, lors de la dernière glaciation, était habitée par une horde de chasseurs, une pyrite prise entre deux morceaux de silex. On a fait des découvertes analogues dans la caverne de Trou de Châleux en Belgique, et en bien d'autres endroits.

Mais, que sait-on exactement du reste du

Autre moyen d'allumer le feu consistant à frotter deux morceaux de bois

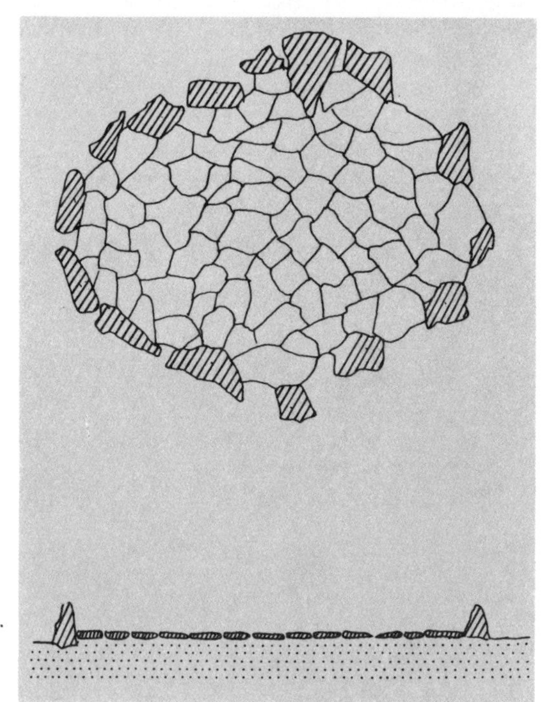

Plan et coupe transversale d'un foyer mésolithique, construit avec soin. Il provient de l'îlot Téviec, près de la côte bretonne. Son fond est pavé de pierres plates, d'autres pierres formant sa bordure.

dispositif servant à allumer le feu? Et, au fond, peut-on apprendre quelque chose sur l'amadou qui est une poudre si légère qu'un souffle de vent suffit à la faire disparaître? Il est délicat de se prononcer à ce sujet, et nous devons nous contenter d'hypothèses. L'histoire nous apprend que, pour fabriquer l'amadou, on réduisait en poudre un champignon ligneux poussant sur les arbres et appelé en latin *Fomes fomentarius*. D'autres champignons appartenant à la même famille pouvaient faire l'affaire. Ce champignon contient des éléments qui s'enflamment facilement; on a pu distinguer leurs traces à côté des pyrites, dans les sites des débuts du Mésolithique, à Star Carr, en Grande-Bretagne. Mais, quand on manquait de champignons, on pouvait les remplacer par de l'écorce de bouleau, par de la mousse sèche ou de la sciure que l'on récupérait en perçant le bois.

Le bois nous conduit directement à une autre méthode d'allumage du feu qui consiste à frotter deux morceaux de bois. Les recherches ethnologiques sur les peuples primitifs ou plus évolués, vivant sur d'autres continents que le continent européen, nous apprennent toute une série de techniques : frotter deux morceaux de bois, faire tourner un bâtonnet dans un support en bois muni d'une petite cavité ou utiliser des dispositifs qu'on pourrait appeler «la scie de feu», «la charrue de feu», etc. Nous ne savons pas aujourd'hui si on utilisait concrètement l'une de ces méthodes au Paléolithique. Il n'existe, en fait, qu'une seule preuve, et encore précaire, de cette possibilité : il s'agit d'un petit bâton en bois carbonisé au bout arrondi, trouvé lors de fouilles archéologiques, dans une caverne près de Krapina, en Yougoslavie. Celui qui l'a découvert considérait qu'on devait l'utiliser comme le font encore de nos jours les Esquimaux. On le plaçait verticalement dans le trou d'un morceau de bois, en l'enroulant avec la corde d'un arc et, par un mouvement horizontal, on le faisait tourner rapidement sur lui-même jusqu'à ce qu'il soit porté à la température nécessaire. Aujourd'hui, on tend plutôt à penser qu'il s'agissait de la pointe d'un instrument quelconque en bois, durcie dans les flammes. Il en résulte donc que nos connaissances sur la manière d'allumer le feu à l'aide du bois, sont de nouveau au point mort.

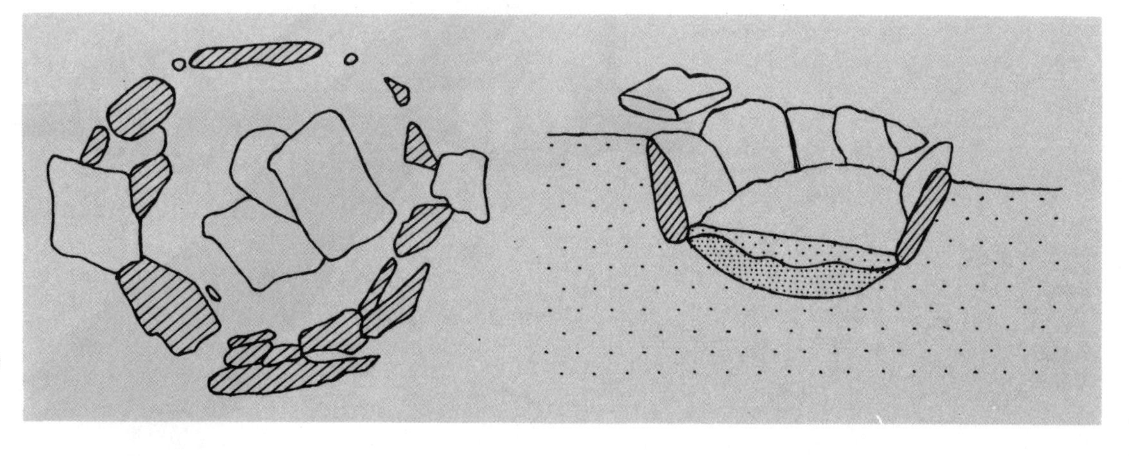

Les foyers trouvés dans les sites paléolithiques de Kokoreva en Sibérie (Union Soviétique) comptent parmi les plus solides : le plan (à gauche) et la coupe (à droite) montrent comment la cavité qui formait le foyer était pavée de grandes plaques en pierre.

LES APPARENCES DU FEU

Le feu reste toujours le feu, quelle que soit son utilisation mais, ce qui est déterminant, ce sont l'endroit et les conditions dans lesquels l'homme l'allumait. Arrêtons-nous un instant au Paléolithique : il est évident que le feu brûlait le plus souvent dans un foyer. Mais ce foyer, plus ou moins élaboré, pouvait se présenter de plusieurs manières. Si on voulait décrire tous ces foyers, il faudrait commencer par le petit feu de bois que les chasseurs allumaient à même le sol au cours de leurs expéditions. Le foyer permanent, construit au milieu de la hutte, était déjà plus élaboré. Habituellement, il était placé dans une cavité peu profonde, creusée dans le sol; il en existait des aménagements plus soignés, entourés de pierres. C'étaient souvent de simples galets qu'on avait ramassés au bord de la rivière ou de grandes pierres plates, disposées régulièrement et verticalement autour du foyer qui était parfois même pavé. C'était surtout le cas des foyers des grandes huttes dans lesquelles la horde passait l'hiver. On supposait que le feu devait y brûler en permanence, il fallait donc qu'il soit plus sophistiqué.

On peut se demander quels combustibles on utilisait alors. A priori, il semblerait évident que c'était le bois. Mais, en réalité, c'était bien plus compliqué, surtout pendant les périodes hostiles des glaciations où on était dans l'impossibilité de rassembler, dans la steppe, une quantité suffisante de bois. Les vestiges de huttes d'hiver des chasseurs de mammouths découvertes en Europe orientale ont fourni des preuves que le bois pouvait être complété et même remplacé par les os d'animaux, aussi bien par ceux des mammouths que de gibier moins imposant.

Ainsi, l'homme préhistorique exploitait-il le produit de sa chasse jusqu'au moindre morceau. Les exceptions à cette règle sont tout à fait isolées. Cependant, il y en a une qui vaut la peine d'être signalée.

Il y a plus de vingt mille ans, il y avait sur Landek, colline qui se trouve près d'Ostrava, en Tchécoslovaquie, un petit campement de chasseurs de mammouths. Son foyer ressemblait à tous les autres foyers de cette époque, à l'exception d'un petit détail : la couleur de ses flammes était légèrement différente. En le regardant de près, on peut penser que la plupart des hommes de cette

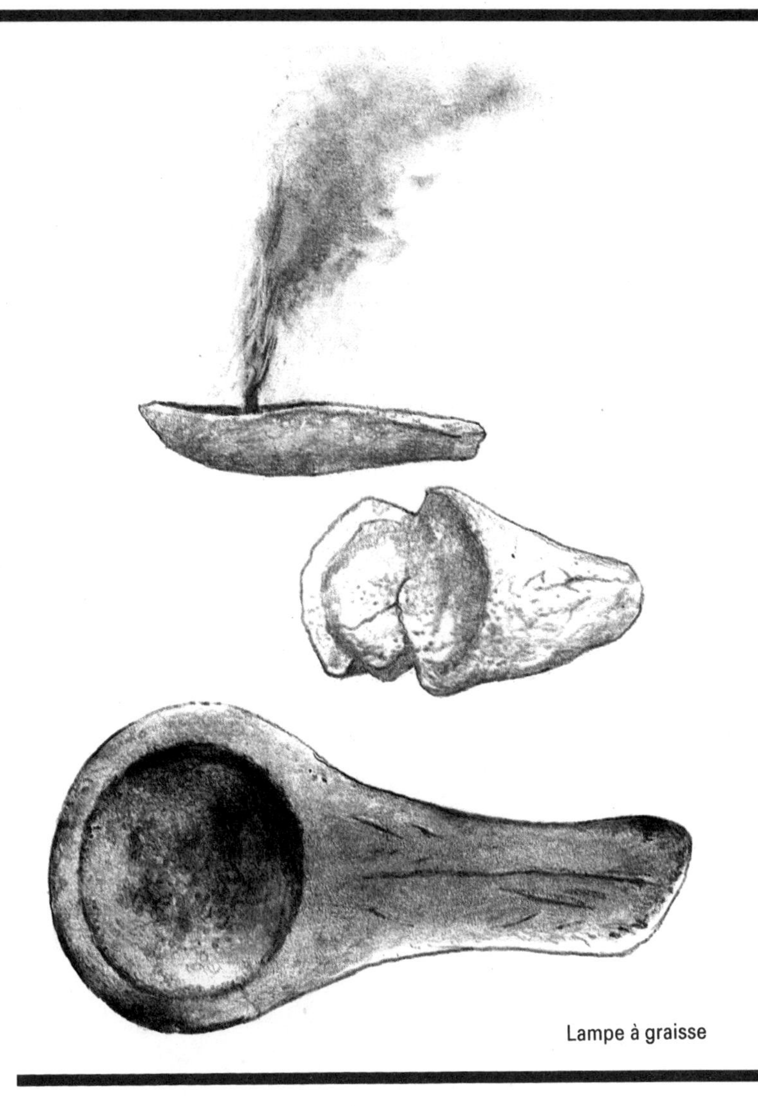

Lampe à graisse

époque devait être frappée de stupeur en voyant des pierres qui brûlaient. Mais, pour les habitants de cette colline d'Ostrava, c'était chose courante. Personne ne sait comment ils s'en sont aperçus; peut-être par hasard, lorsque ces pierres noires, placées près du foyer, prirent feu. C'est, à notre connaissance, la première fois dans l'histoire que l'homme se chauffa au charbon. Le gisement de charbon qui est aujourd'hui la matière première fondamentale de l'industrie lourde à Ostrava, l'un des plus grands centres miniers d'Europe, apparaissait à la surface, non loin du site des chasseurs de mammouths.

Mais revenons à nos foyers. Les foyers définitifs étaient disposés de diverses manières et traduisaient souvent une ingéniosité exceptionnelle de leurs constructeurs. Prenons-en deux qui, tout en se ressemblant, étaient éloignés l'un de l'autre par des centaines de kilomètres. Un «fumiste» perspica-

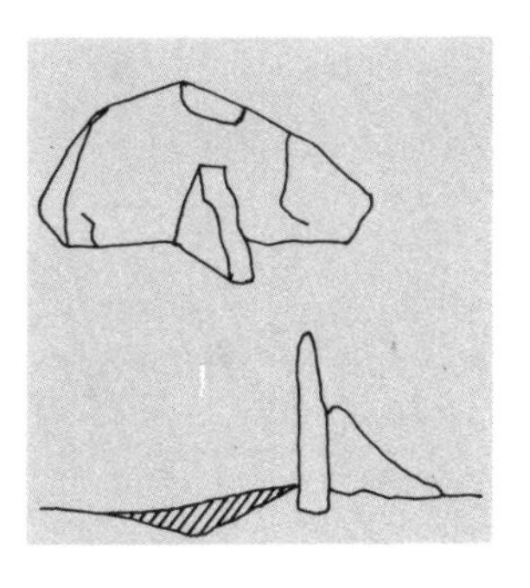

Ce petit foyer du site sibérien de Malta était protégé du vent par une grande pierre plate dressée et soutenue par un support (vue de face et de côté).

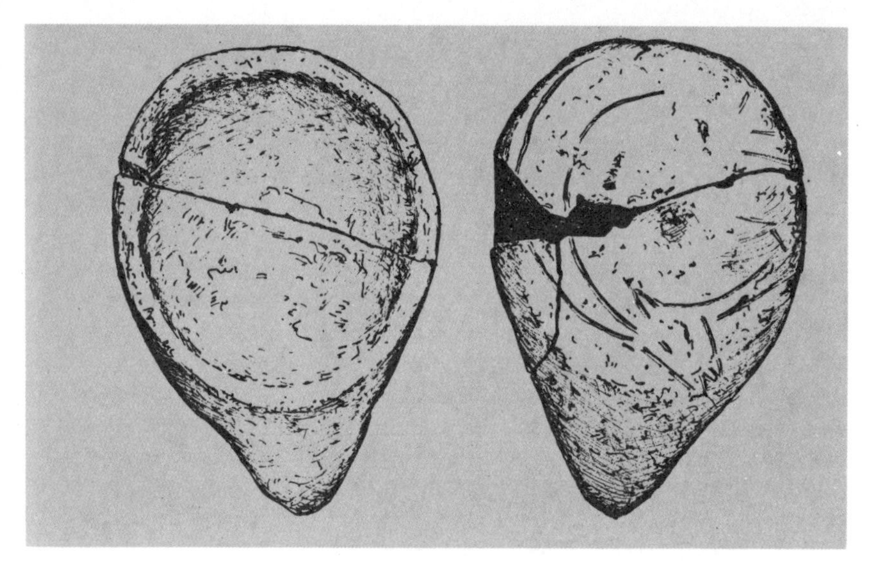

Des lampes à graisse servaient, au Paléolithique supérieur, à éclairer l'intérieur des grottes. Sur notre dessin : lampe de la grotte de La Mouthe (Dordogne), décorée d'une gravure représentant une tête de bouquetin.

ce du Paléolithique les a munis d'un conduit pavé de pierres qui faisait circuler l'air frais sous les combustibles pour raviver le feu. L'un de ces foyers se trouvait dans le site de Kostiénki sur Don, en Union Soviétique, tandis que l'autre brûlait devant l'entrée de la grotte à concrétion calcaire, à Český Kras, en Bohême.

La liste des foyers pourrait être close par la description de celui qu'on a découvert à Dolní Věstonice, en Moravie, dans une hutte de chasseurs de mammouths : une partie du foyer, ceint par une bordure circulaire, était couverte d'une voûte en terre cuite. Le feu qui brûlait dans cet espace haut de quarante centimètres devait atteindre une température fort élevée.

De petits morceaux d'argile cuite nous autorisent à conclure que ce n'était pas un foyer ordinaire. Certains de ces bouts d'argile ressemblaient vaguement à des statuettes d'animaux; mais n'anticipons pas sur ce sujet qui fait l'objet d'un des chapitres suivants.

Outre les foyers, les chasseurs paléolithiques connaissaient également les lampes portatives, pour l'éclairage. Au départ, il s'agissait de simples baguettes en bois dont on découvre parfois les restes au fin fond des couloirs souterrains des sanctuaires rupestres du Paléolithique. Il est extrêmement difficile de chercher et de reconnaître ces vestiges. Heureusement pour nous, au Paléolithique supérieur, les hommes inventèrent un autre moyen de s'éclairer, la lampe à graisse. Une telle lampe pouvait se conserver jusqu'à nos jours, car elle devait être munie d'un récipient non combustible pour contenir la graisse. Un grand os pouvait faire l'affaire ou une pierre tendre comme, par exemple, le grès.

Le fonctionnement de cette lampe était très simple : on mettait de la graisse animale dans le récipient (dans le Nord, c'était en général de la graisse de phoque), et une mèche en mousse torsadée. La mèche s'imbibait de graisse et brûlait jusqu'à ce que celle-ci se consume. Les explorateurs du Grand Nord rapportent que la flamme d'une telle lampe chauffe l'intérieur d'un igloo au point que ses habitants peuvent rester nus en plein gel. Il est donc à peu près certain que ces lampes servaient également à chauffer les habitations paléolithiques. Elles devaient surtout être très utiles à ceux qui vivaient dans les cavernes et qui empruntaient des couloirs souterrains mesurant des dizaines et des centaines de mètres, pour se rendre dans les endroits où ils peignaient ou gravaient, dans le silence et l'obscurité, des chefs-d'œuvre remarquables. Ce n'est pas sans raison qu'on

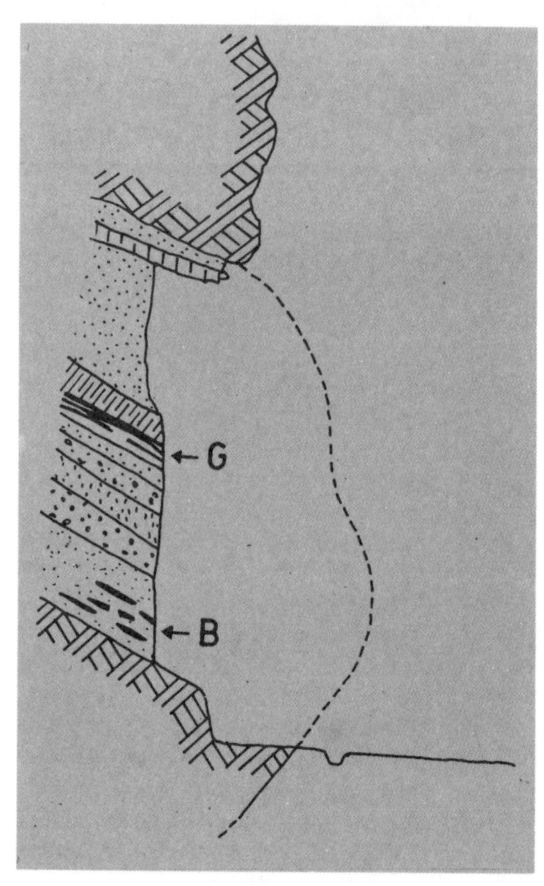

La coupe transversale des couches sédimentaires de la Grotte de l'Escale dans le Sud de la France fait apparaître plus particulièrement les couches B et G qui contenaient les restes des anciens foyers. Au-dessus et en dessous se trouve une couche de roche calcaire; une ligne interrompue indique la forme d'origine de la paroi rocheuse qui disparut pendant la construction de la route (en bas, à droite).

Le premier four

a découvert dans la grotte de Lascaux qui est, avec celle d'Altamira, la plus célèbre «galerie» rupestre, cent soixante-dix lampes de pierre. Mais la plus belle lampe à graisse a été découverte vers la fin du siècle dernier dans la caverne de La Mouthe. C'était un morceau de grès creusé, dont la surface bombée était décorée d'une gravure représentant un bouquetin.

Foyer entouré de grandes pierres

L'AGE DU FEU

C'est une question importante qu'il faut élucider avant de passer à un autre sujet. Comprenons-nous bien : il ne s'agit pas de son âge en général qui serait le même que celui de la Terre. Ce qui nous importe c'est de savoir vers quelle époque l'homme commença à l'utiliser; nous nous intéressons, en fait, à l'âge du feu «domestiqué». Nous avons déjà dit qu'il était difficile de dater, même approximativement, cette découverte, mais tout de même l'archéologie est en mesure de nous fournir quelques points d'appui. Nous savons que les vestiges les plus anciens viennent d'Afrique. Le feu était cependant bien plus récent que les outils en pierre. Si nous cherchons sa plus ancienne trace confirmée, nous la trouverons à Gadeb, en Éthiopie, où l'*Homo Erectus* utilisait le feu, il y a de cela plus d'un million d'années. Ainsi, lorsque les archéologues yougoslaves trouvèrent des traces de feu, au milieu d'une couche vieille d'un million et demi d'années, dans une caverne à l'intérieur d'une carrière, à Shandalia près de Pula, cette découverte fit beaucoup de bruit. Malheureusement, ce n'était pas un foyer véritable, mais seulement des os d'animaux brûlés et quelques morceaux de bois carbonisés. Le premier foyer européen reste donc celui qu'on a identifié dans la grotte de l'Escale, dans le Sud de la France où brûlait le feu à l'époque d'une des glaciations, il y a sept cent mille ans.

Nous restons admiratifs devant l'âge de ces vestiges qui nous livrent des informations concernant les premières utilisations du feu. L'homme connaissait peut-être le feu depuis toujours, mais il se peut aussi que des dizaines de milliers d'années se soient écoulées avant que l'homme n'ait allumé son feu à Gadeb ou à Shandalia. Mais il ne faut pas désespérer : peut-être qu'un de ces jours, nous apprendrons la nouvelle d'une découverte qui nous permettra de remonter un peu plus dans l'histoire. Rappelons-nous tout cela, quand nous serons à nouveau réunis autour d'un feu de bois, à contempler la joyeuse danse des flammes.

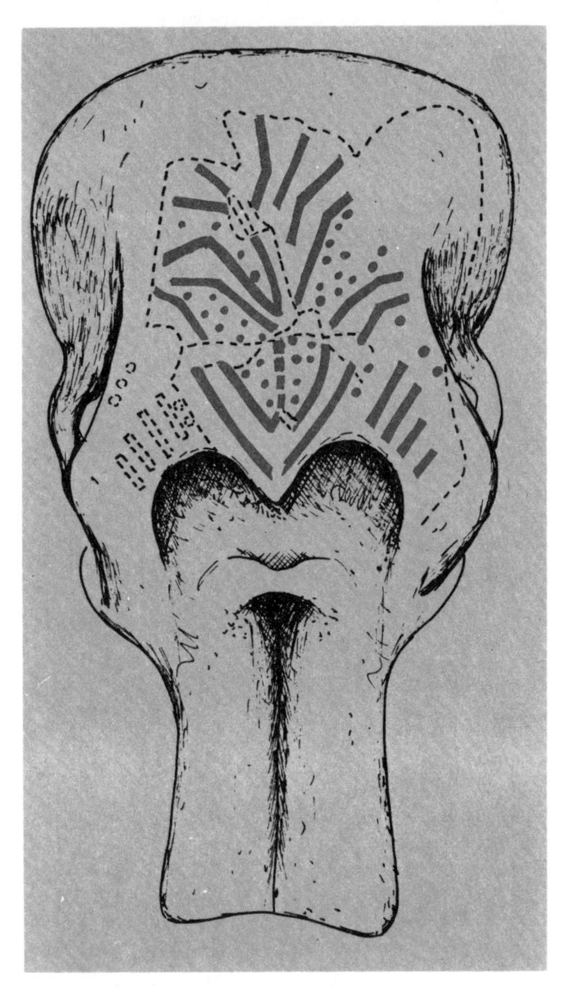

Cette peinture rouge insolite sur le front d'un crâne de mammouth représente peut-être le feu avec les flammes et les étincelles. On l'a trouvé devant l'entrée d'une hutte de chasseurs, près de Mejiritchi (Union Soviétique).

LE VÊTEMENT

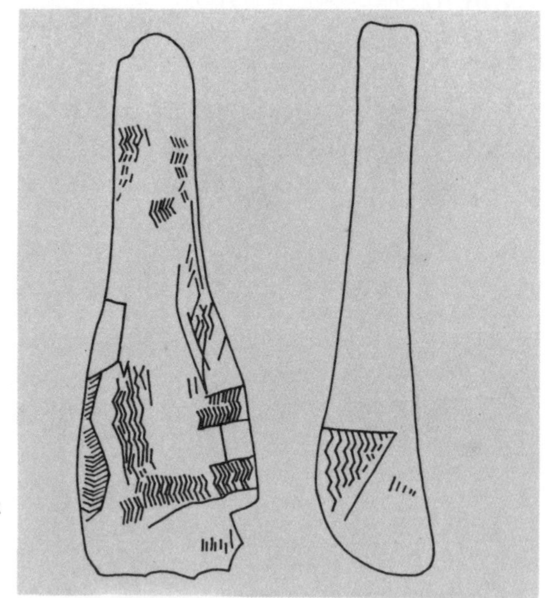

De petites pelles en os gravées d'ornements devaient servir aux femmes des chasseurs de mammouths de Mejiritchi à traiter la peau et la fourrure.

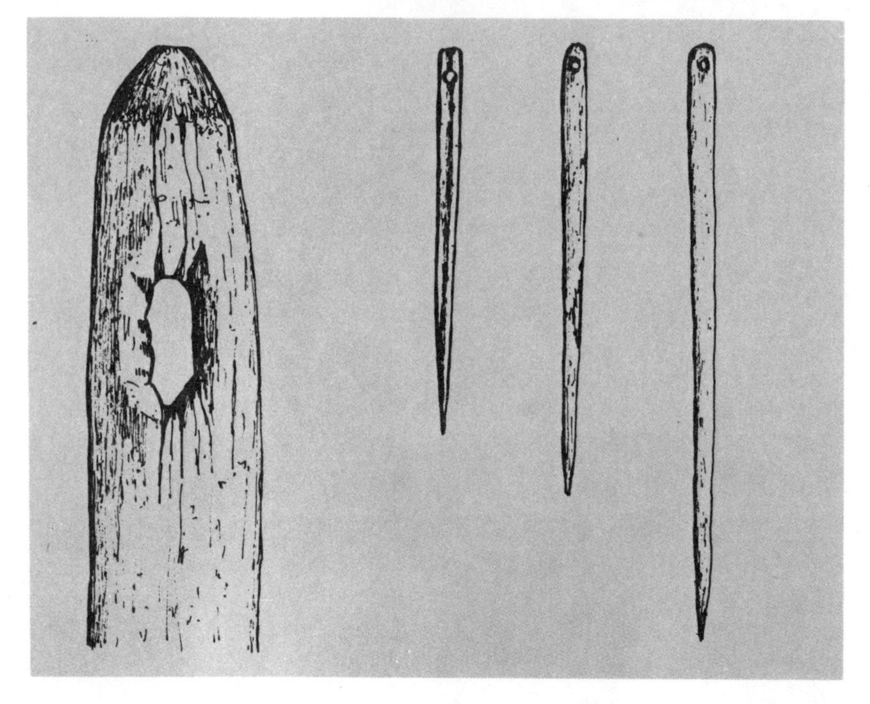

Des aiguilles en os faisaient partie de la panoplie des chasseurs du Paléolithique supérieur : à droite, trois exemplaires qui proviennent de la grotte morave de Pekárna (Tchécoslovaquie) à gauche, un chas d'aiguille très fortement agrandi (léliséievitchi : Union Soviétique).

Quand le feu est allumé, l'homme est au chaud. Mais celui qui serait resté assis près du feu toute la journée, serait mort de faim. Il fallait aller à la chasse, pister et poursuivre les animaux (ce qui pouvait durer plusieurs jours), chercher les combustibles ou les pierres et le bois, nécessaires à la fabrication d'instruments. L'homme était obligé de se livrer à des activités diverses, non seulement en été, mais aussi pendant l'hiver qui était dur et long, surtout lors de la dernière glaciation. Il vivait dans les vastes plaines ouvertes, balayées par le vent glacial et chassait dans les vallées enneigées. Cette image en appelle une autre : celle d'un Esquimau vêtu de la tête aux pieds de fourrures chaudes. Qui pourrait penser que les chasseurs de mammouths vivaient nus dans des conditions aussi hostiles, pour la simple raison que jusqu'à présent on n'a pas trouvé trace de vêtement? Étant donné que la peau ou la fourrure sont périssables, il y a peu de chances qu'on en trouve un jour... Sans avoir de preuves concrètes, nous avons toute une série de signes qui nous permettent de faire des hypothèses. Depuis toujours, l'homme était préoccupé non seulement par le côté fonctionnel du vêtement, mais se souciait également de son apparence. Dès le Paléolithique, on différenciait peut-être le vêtement de travail, de tous les jours, du vêtement de cérémonie qu'on mettait pour de grandes occasions lorsque les membres de la horde ou du clan se réunissaient pour célébrer leurs fêtes. Tout le monde n'avait pas le droit de porter ces beaux habits; ils étaient réservés à des personnalités de marque. Lorsque l'un de ces hommes mourait, on l'enterrait vêtu de ses plus beaux atours. Et, aujourd'hui, quand le vêtement de peau s'est transformé depuis longtemps en poussière, ses ornements divers, fabriqués dans des matériaux résistants, témoignent de son existence. Si, selon le dicton, l'habit ne fait pas le moine, au Paléolithique cependant il faisait bien l'homme dont il était l'attribut et l'apanage. Il faut prendre le sens de cette affirmation au pied de la lettre, car a-t-on jamais vu un animal habillé (en dehors du cirque, bien sûr)?

Il est vrai que la nature s'en charge : elle lui donne la fourrure, le poil plus ras en été, plus long et fourni en hiver. Les êtres qui représentaient la transition de l'animal à l'homme devaient, sans doute, être encore velus. Mais déjà l'homme du Néandertal des débuts de la dernière glaciation était confronté au problème du froid. Jusqu'à une époque très récente, on le représentait comme un être primitif, voûté et répugnant, couvert de longs poils épais. Aujourd'hui, les savants considèrent que les Néandertaliens ressemblaient déjà beaucoup à l'homme moderne et que leur système pileux ne devait pas être si développé que cela. S'ils voulaient survivre dans ce milieu hostile, il leur fallait prendre certaines mesures.

On pourra objecter que les expériences des explorateurs qui avaient rencontré, au siècle dernier, les derniers habitants de la Terre de Feu, contredisent la théorie de l'existence des vêtements chez les hommes préhistoriques des débuts de la dernière glaciation. Les Indiens qui habitaient ces contrées hostiles non loin de l'Antarctide, vivaient nus toute l'année ou bien se drapaient dans une sorte de cape en peau lorsque le gel devenait vraiment intolérable. Ils la portaient attachée autour du cou et la faisaient glisser sur leur corps selon la direction du vent pour s'en protéger. Il n'est pas sans intérêt que ces Indiens particulièrement résistants aient ressemblé par toute leur culture et leur mode de vie aux chasseurs du Paléolithique supérieur. Mais c'est, en quelque sorte, l'exception qui confirme la règle : quand il s'agissait d'assurer au corps assez de chaleur, l'intelligence et l'habileté devaient procurer à l'homme ce que la nature lui refusait. Comment savoir quand cela s'est produit pour la première fois? Nous nous imaginons que l'homme des débuts du Quaternaire devait être, comparativement à nous, bien plus velu et pouvait se passer de vêtements. C'est une hypothèse qui est fort plausible mais nous n'en sommes pas absolument certains. Il est

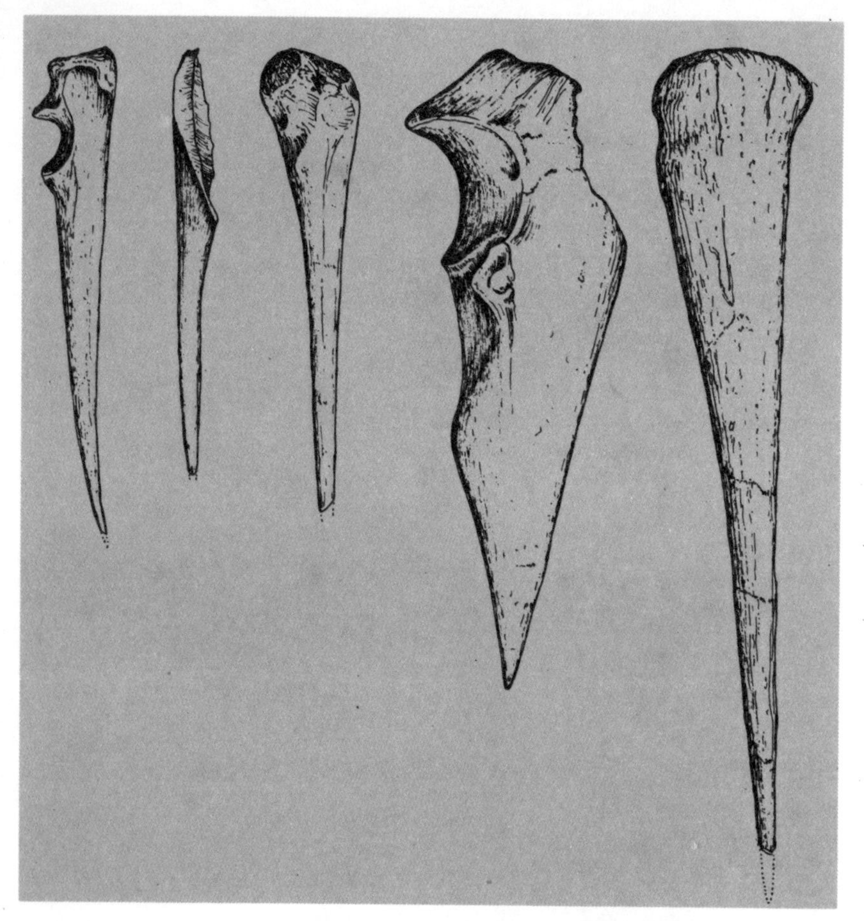

Alênes en os, de formes diverses (Dolní Věstonice : Tchécoslovaquie).

tout aussi difficile de prouver que les chasseurs de mammouths de la dernière glaciation n'avaient plus de poils et portaient des vêtements. Quelque part dans le temps, entre l'*Homo Erectus* et l'*Homo Sapiens*, apparut le premier vêtement et celui-ci connut sa première évolution. Les hommes l'inventèrent par nécessité, car ils étaient moins velus et avaient froid. Ou bien le port des vêtements aurait-il causé la perte des poils? Nous ne pourrons jamais le vérifier.

L'OUVRAGE DES PREMIÈRES «COUTURIÈRES»

Nous parlons de couturières car, selon les recherches de l'éthnologie moderne, dans toutes les tribus de chasseurs contemporaines, le travail de couture est l'affaire de femmes. Procédant par analogie, nous supposons qu'il devait en être de même au Paléolithique. Par contre, nous savons pertinemment qu'on cousait à cette époque, car les aiguilles se sont conservées jusqu'à nos jours. L'os étant le matériau de base pour la fabrication des aiguilles, on a pu en trouver dans les campements de chasseurs. Les plus anciennes proviennent du Sud de la France, région célèbre pour ses nombreuses grottes, habitées jadis par les hordes de chasseurs. Elles datent du Paléolithique supérieur. Un peu plus tard, vers la fin du Paléolithique, les aiguilles étaient déjà répandues dans toute l'Europe, jusqu'en Sibérie.

Cela paraît incroyable, mais l'aiguille du Paléolithique ressemblait à celle d'aujourd'hui : elle pouvait être plus longue ou plus courte, mais elle était toujours très fine, pointue, avec un chas au bout.

Exceptionnellement, on trouve d'autres types d'aiguilles, par exemple avec une entaille en guise de chas tout autour de l'extrémité plus épaisse pour attacher le fil. Mais cette forme est bien rare. On fabriquait des aiguilles à partir d'éclats d'os ou, éventuellement, de corne. Dans le matériau de base, on faisait au burin des entailles parallèles et profondes l'une à côté de l'autre, puis on les cassait pour obtenir de longs et fins éclats. Après les avoir retouchés et polis, on perçait le chas. Si le chas se cassait en cousant, on en perçait un autre au-dessous. Mais, en règle générale, l'aiguille en os était vraiment souple et résistante.

L'aiguille est un outil extraordinaire, car elle accomplit deux actions en même temps. Elle transperce le «tissu» et fait passer le fil par le petit trou ainsi obtenu. Malgré sa petite taille, c'est un excellent exemple de l'ingéniosité des hommes du Paléolithique.

Ce qu'on utilisait à la place du fil, devait être un tendon ou une fine lanière de cuir; ni l'un ni l'autre, bien sûr, ne se sont conservés. Après tout, la matière cousue ne s'est pas conservée non plus, mais on se doute qu'à l'époque, les possibilités de choix étaient plutôt limitées. Il est certain que ce n'était pas encore du tissu. Les chasseurs du Paléolithique ne connaissaient pas encore la laine de brebis, ni les fibres végétales comme le lin ou le chanvre. Les tissus les plus anciens que nous connaissions datent du 7e millénaire avant J.-C., donc de l'époque du Néolithique. Même s'il ne s'agit nullement d'expériences de débutants, l'invention du tissage ne devait pas être beaucoup plus ancienne.

Alors, que restait-il à l'homme du Paléolithique? Pendant les périodes chaudes, des herbes et de l'osier tressés à la manière des nattes, donnaient ainsi des habits rudimentaires. En ce qui concerne les chasseurs de mammouths vivant pendant la dernière glaciation, ils ne pouvaient utiliser que la peau, soit traitée sur les deux faces, soit gardée sous forme de fourrure.

Les hommes se sont sûrement aperçus qu'on pouvait utiliser la peau de plusieurs façons différentes, peut-être déjà à l'époque où ils n'étaient pas encore des êtres humains à part entière. Si l'animal peut supporter le froid grâce à sa peau, pourquoi l'homme ne survivrait-il pas à l'hiver, vêtu de fourrure puisque lui-même en est dépourvu? Il est évident que cela demandait une certaine préparation. La peau qui n'était pas traitée se dégradait très rapidement et devenait inutilisable. C'est pour cette raison que, dès le Paléolithique, on inventa toute une gamme d'instruments destinés au traitement de la peau, et pour la rendre douce, souple et résistante. Il s'agissait de couteaux pour enlever la peau, d'instruments avec un tranchant aménagé spécialement pour enlever la graisse et les restes des tendons. Au début, c'étaient des racloirs assez grossiers, façonnés dans des éclats de silex. Ils proviennent de l'époque des hommes du Neandertal, mais peuvent être encore plus anciens. Par la suite, ils se transformèrent en grattoirs au tranchant net et fin, fabriqués à partir de petits éclats, et fixés à un manche en bois ou en os. Plus tard encore, on utilisa les polissoirs en os qui servaient à adoucir la peau et à aplatir les coutures du vêtement déjà confectionné. Les couteaux en pierre trouvèrent à nouveau leur utilisation quand il fallut «tailler» le vêtement et couper la peau tannée suivant une forme déterminée. Et, en dernière opération, la couturière du Paléolithique se saisissait d'un perçoir en pierre finement taillé pour perforer la peau et faciliter la couture, ou bien «enfilait» directement son aiguille ou son alêne en os.

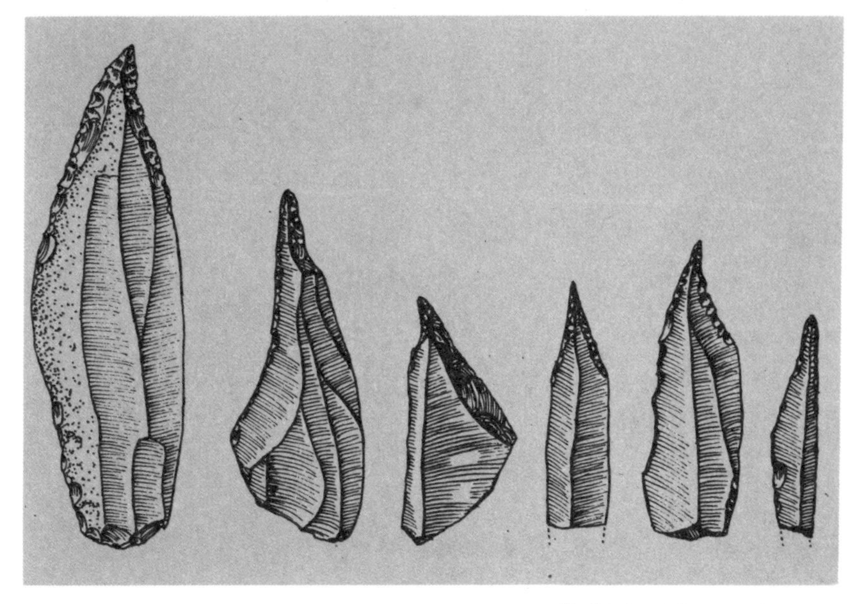

On fabriquait les perçoirs en retouchant l'extrémité la plus fine et la plus longue d'un éclat de silex. Ils servaient à percer les trous dans des matériaux tendres, peut-être même dans les peaux, pendant la couture.

Reconstitution de vêtements d'enfants enterrés dans la grotte près de Menton

Les ornements divers faisaient partie du vêtement. Les sépultures paléolithiques de Sungir (Union Soviétique) livrèrent de nombreuses perles en os (en haut), des pendentifs de galets percés et de dents d'animaux (à droite), un bracelet en ivoire de mammouth (au milieu) et un grand pendentif pointillé plus élaboré qui représente un cheval ou une antilope saïga.

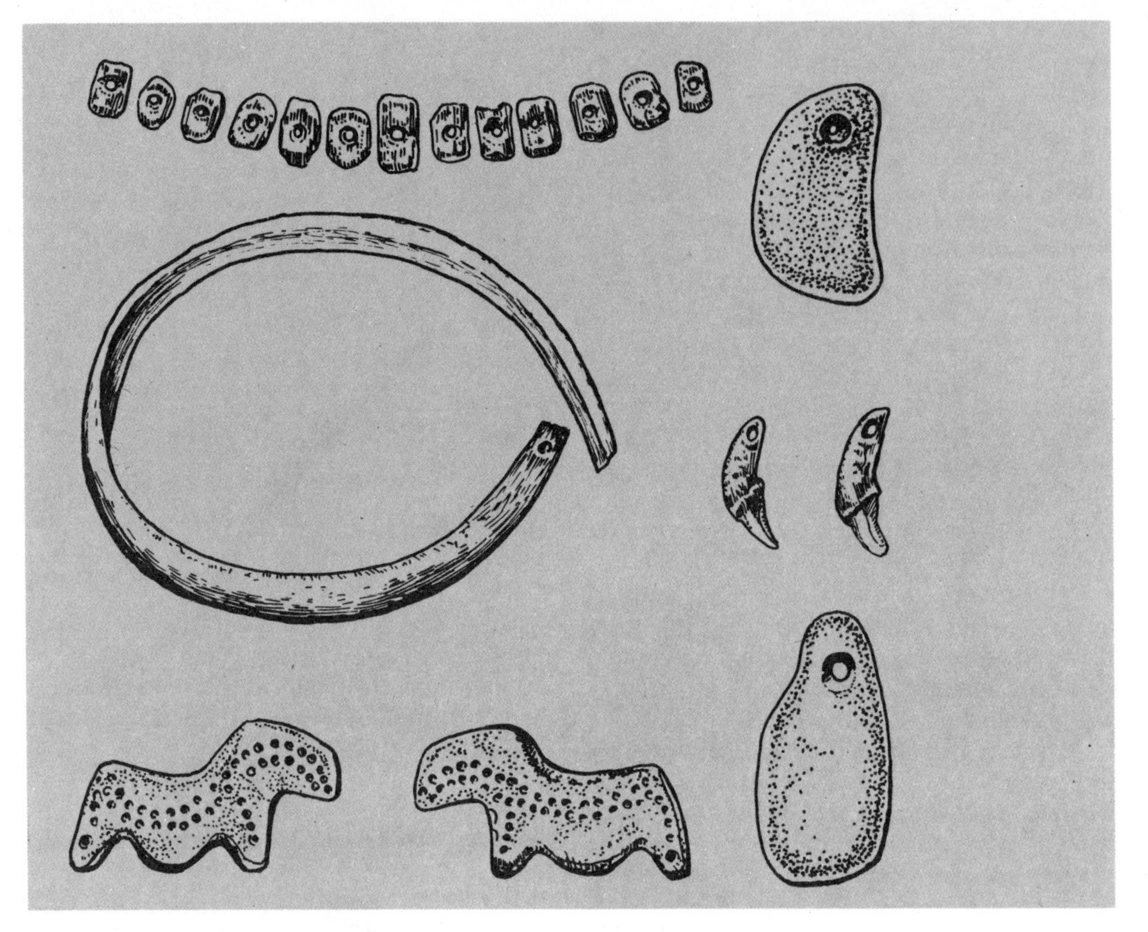

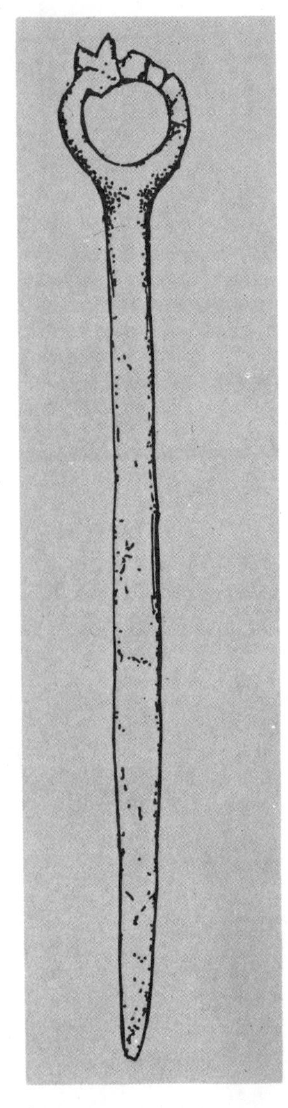

Épingle décorée d'une tête animale qui devait servir à agrafer le vêtement (Mejiritchi : Union Soviétique).

LES VÊTEMENTS DES CHASSEURS

S'il est vrai que nous connaissons des instruments qui servaient à la couture, est-ce là une preuve certaine que l'homme s'habillait? Et s'il s'habillait, quel type de vêtement portait-il? Et si les vêtements ne se sont pas conservés, aurons-nous jamais une chance de le savoir?

Pourtant, cela est possible. L'archéologie est une science qui remarque tous les détails et qui puise son savoir dans toutes les sources disponibles. Quand on n'a pas de preuve directe, on peut toutefois procéder par analogie et par déduction. Il ne faut pas espérer que nous apprendrons quelque chose sur la manière de se vêtir des préhominiens. Même pour les Néandertaliens, nos suppositions s'arrêtent à l'existence des outils en pierre qui servaient à apprêter la peau, sans que nous puissions affirmer que celle-ci était utilisée effectivement pour confectionner les vêtements. Mais au Paléolithique supérieur, la situation changea pour l'*Homo Sapiens.* Ces hommes prirent l'habitude d'enterrer leurs morts, parés de leurs plus beaux atours. A cette époque se situent les origines de la création artistique qui eut, comme nous le verrons plus tard, une influence sur l'évolution du vêtement.

Nous avons déjà eu l'occasion de mentionner le site de Sungir qui se trouve près de la ville de Vladimir, à l'Est de Moscou. On y a découvert, dans la tombe de deux enfants, une superbe lance en ivoire de mammouth. Outre cette tombe, on a eu la chance d'en trouver une autre dans laquelle était enterré un homme de haute taille et robuste, âgé de cinquante à soixante ans, et qui devait être un haut dignitaire, à son époque et dans cette contrée, car on n'a jamais découvert auparavant une tombe paléolithique contenant tant de richesses.

Une exploration approfondie du site révéla que la vie de ceux qui y vivaient pendant la dernière glaciation ne différait en rien de celle des chasseurs arctiques : le paysage n'était qu'un large espace ouvert aux arbres isolés et rachitiques dont le climat était déterminé par la situation géographique. Il s'étendait loin au Nord et subissait l'influence des glaciers continentaux. Dans la steppe, les hommes de Sungir chassaient surtout les rennes, bien que les chevaux sauvages et les mammouths y aient vécu également.

L'exploration de cette sépulture prit trente jours aux archéologues. Elle n'était pourtant pas plus grande que le corps de l'homme étendu sur le dos, ni profonde de plus de 50 centimètres. Cela prouve que les spécialistes la passèrent vraiment au peigne fin avec une conscience professionnelle admirable, ce qui représente une garantie suffisante quant à l'authenticité de leurs conclusions. Ils récupérèrent, de la terre de cette tombe, 3500 perles d'ivoire de mammouth. Ces perles ne sont pas importantes en soi, mais en tant qu'ornement de l'habit du défunt. Et, précisément, la position du corps, soigneusement enregistrée avant les fouilles approfondies, révéla des renseignements sur le vêtement que nous ignorions jusqu'alors.

Une partie des perles était disposée en bandes qui faisaient le tour du corps : une bande entourait la poitrine, trois bandes le thorax un peu plus bas, et trois la ceinture. Cela signifie que le mort portait une sorte de tunique rebrodée de ces perles miniscules. Les bandes sont continues, sans aucun système de fermeture, on peut donc conclure qu'on devait enfiler ce vêtement par la tête. Plusieurs bandes de perles entouraient éga-

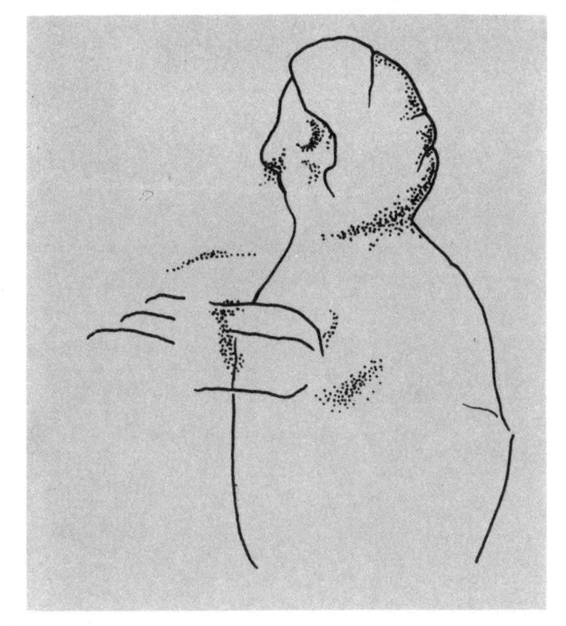

Cette gravure très simple qui provient de la grotte de Gabillou (Dordogne) représente un personnage, vêtu d'un «anorak» comme un Esquimau.

L'archer de Las Olivanas (Espagne) porte un bonnet sur la tête.

Masques et déguisements forment une catégorie à part parmi les différentes sortes de vêtements. Les chasseurs les utilisaient pendant la chasse, les cérémonies rituelles ou le combat. L'ornement insolite de la tête d'un guerrier (Valtorta: Espagne) devait en faire partie.

Tannage de la peau

On pouvait distinguer, même sur les personnages à peine esquissés qui proviennent des grottes espagnoles, telle celle de Cueva Remigia, des éléments vestimentaires divers : une jupe, une culotte courte, des ornements attachés aux genoux et, peut-être, une plume dans les cheveux?

lement les cuisses et les mollets; juste au-dessus des genoux, se trouvait une bande de perles plus grosses. Et, comme les perles descendaient jusqu'aux pieds, on suppose que l'homme portait un pantalon qui se terminait en bas par des sortes de chaussures en cuir souple, les deux éléments formant un tout. Ce type de «combinaison» qui se compose d'une tunique et d'un pantalon terminé par des chaussures, était porté jusqu'à une époque récente dans les tribus indiennes de l'Amérique du Nord.

Mais ce n'est pas tout : plus de 500 perles, disposées en trois rangées, ornaient le crâne du défunt. Elles décoraient un couvre-chef en cuir, à moins que ce n'ait été qu'un bandeau. Sous la partie arrière du crâne, on a trouvé en outre 25 dents de renard percées. De fins bracelets en ivoire complétaient le vêtement; il en portait une vingtaine sur chaque bras.

C'était, pour l'époque, un vêtement exceptionnellement beau et rare. Il ne faut pas oublier que l'artisan du Paléolithique devait travailler pendant trente minutes ou une heure pour tailler une perle; pour réaliser la valeur d'un tel habit, il faut multiplier le temps de travail par 3500. Ces perles étaient assez usées ce qui prouverait qu'on avait l'habitude de les recoudre d'un vêtement ancien sur un habit neuf, et qu'on leur accordait apparemment beaucoup de valeur. Celui qui portait ce vêtement splendide pendant les cérémonies et les fêtes tribales, devait être très estimé de ses congénères pour qu'ils l'aient enterré, vêtu de cette façon. Malheureusement, nous ne pourrons avoir sur lui d'autres renseignements.

L'or, l'argent, les pierres précieuses ne sont pas forcément les plus grands trésors d'archéologie, comme on pourrait le croire. Les découvertes les plus importantes sont celles qui projettent une nouvelle lumière sur l'histoire de l'humanité. Celle de la tombe de Sungir en fait incontestablement partie. Il est vrai que certains squelettes découverts dans la célèbre Grotte aux Enfants, située à la frontière franco-italienne, avaient le front ceint d'une rangée de coquillages percés qui faisaient partie d'un ornement de tête. Mais à Sungir, nous avons pu nous faire une idée de ce à quoi ressemblait le vêtement d'un dignitaire paléolithique.

La notion de mode (qui, à l'Age de pierre, n'avait sûrement pas le même sens qu'aujourd'hui) a toujours été liée à l'élément féminin. Arrêtons-nous donc un peu aux habits des femmes. Si nous devions considérer la série de statuettes sculptées dans la pierre ou dans l'os par un artiste du Paléolithique qu'on désigne par le terme générique de «Vénus» (même si elles ne correspondent pas à l'idéal de la beauté Antique), nous nous dirions que les femmes ne s'habillaient pas du tout. Ces statuettes représentent presque toujours la femme nue, et pour certains chercheurs, c'est un argument contre l'existence du vêtement au Paléolithique en général. Mais c'est faux. D'une part, l'artiste du Paléolithique n'avait pas l'intention de garder pour la postérité l'image des femmes de son époque; les statuettes étaient des objets rituels qu'on utilisait à l'occasion des cérémonies diverses. D'autre part, si nous les examinons attentivement, nous constatons que, malgré tout, elles rendaient assez bien l'aspect général de la femme de cette époque, et même parfois avec certains détails vestimentaires.

Confection d'un vêtement

Commençons par la ceinture qui était parfois complétée par une sorte de pagne ou de jupette. Ce type de vêtement était nettement représenté sur plusieurs statuettes déterrées à Kostiénki, en Union Soviétique, où on explora des dizaines de campements de chasseurs de mammouths, ou bien même à Laussel, en France. Cela nous rappelle les rangées de coquillages percés qu'on a trouvées sur deux squelettes d'enfants dans la tombe collective de la Grotte aux Enfants, du Paléolithique supérieur. D'autres statuettes représentent des détails ornementaux : des barrettes représentées sur une petite tête de femme, trouvée à Pavlov, en Moravie, des colliers ou des bracelets sculptés sur des figures féminines qui proviennent aussi bien d'Europe orientale que d'Europe occidentale. La tête des statuettes est ébauchée très rapidement, mais parfois on ne trouve que des têtes qui, elles, sont sculptées en détail, ce qui veut dire que la coiffure ou le couvre-chef sont aussi élaborés. Et, en effet, sur la petite tête en os de la Vénus de Brassem-

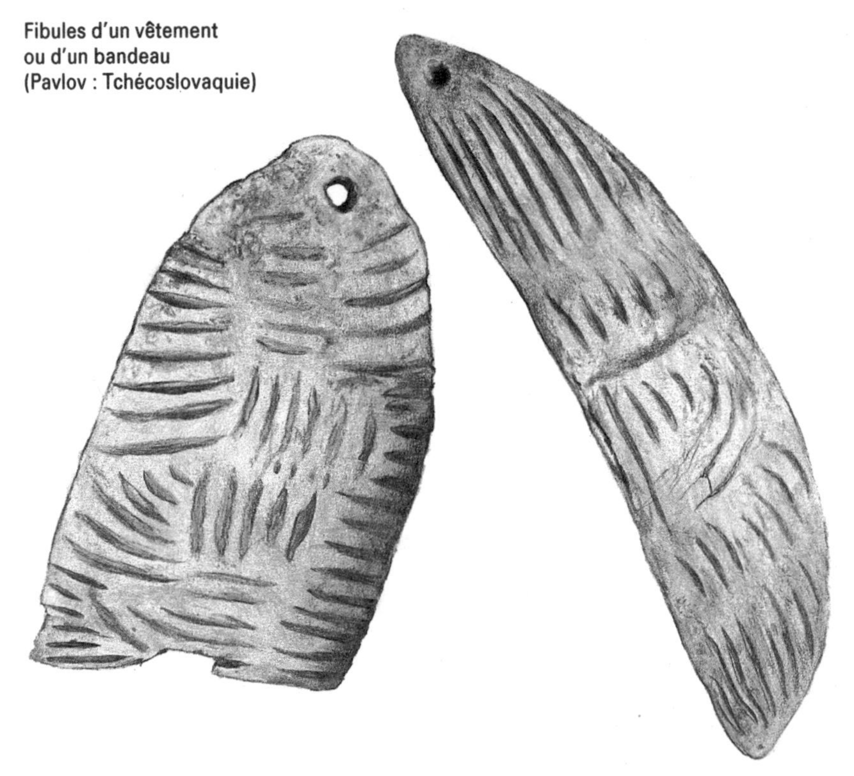
Fibules d'un vêtement ou d'un bandeau (Pavlov : Tchécoslovaquie)

Traitement de la peau

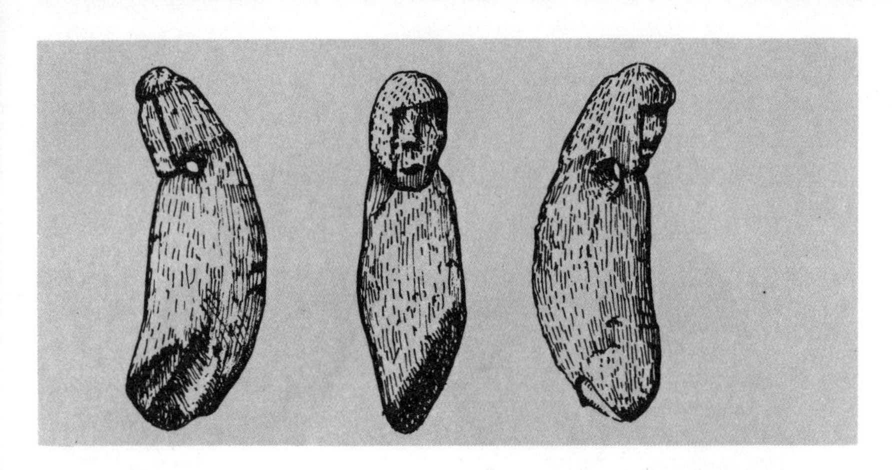

Un pendentif sculpté dans un croc d'ours représentait un personnage stylisé dont le couvre-chef rappelait une capuche d'Esquimau (Bédeilhac : Ariège).

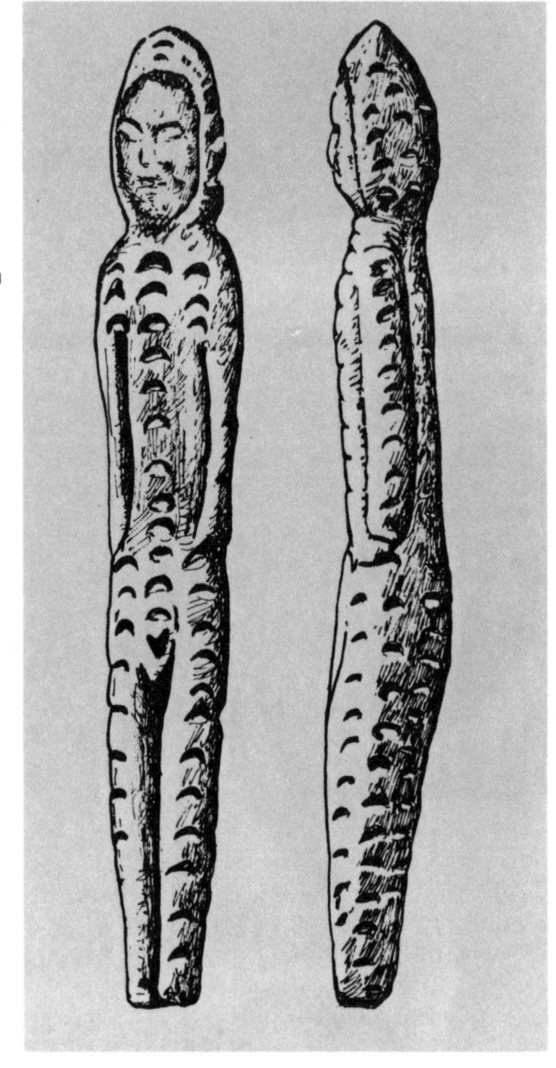

Le document le plus connu concernant les habitudes vestimentaires du Paléolithique est une «Vénus» qui provient du site de chasseurs de Buret en Sibérie (Union Soviétique).

Collier de coquillages et de dents (Dolní Věstonice : Tchécoslovaquie)

pouy, dans les Landes, l'artiste préhistorique avait représenté une sorte de capuche qui épousait parfaitement la forme de la tête. Les défunts de la Grotte aux Enfants portaient peut-être des couvre-chefs semblables. Il est difficile de savoir s'il existait des «bonnets» de forme différente. On a trouvé, à proximité des tombes de la Grotte aux Enfants, une statuette intéressante en pierre verdâtre, au visage à peine ébauché. La tête se terminait par une haute forme pointue qui ressemblait à un chapeau, mais cela pouvait très bien être une coiffure. Il existe une autre forme de coiffure, sur la tête de la Vénus de Willendorf en Autriche.

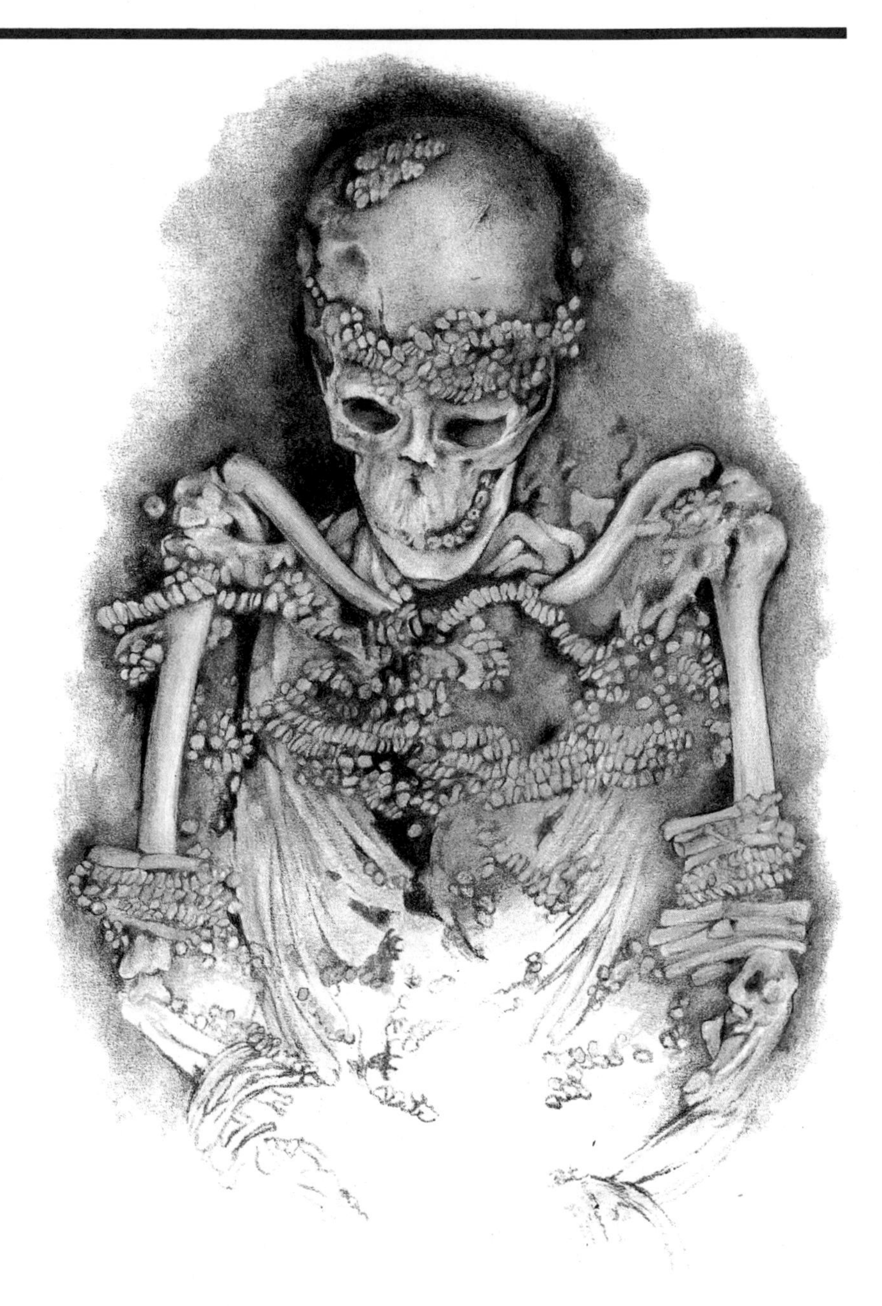

Certaines statuettes ont tout le corps couvert de petits traits ou entailles, dont la signification fait encore l'objet de polémiques. Certains scientifiques considèrent qu'il pourrait s'agir du tatouage, d'autres soulignent qu'on représentait ainsi la fourrure des animaux sur les peintures et les gravures rupestres d'Europe occidentale. Les découvertes qu'on a pu faire dans les sites du Paléolithique supérieur, en Sibérie, permirent d'élucider cette énigme. Cette trouvaille se limita juste à quelques statuettes. La plus belle provient de Buret, site découvert sur une haute rive surplombant la rivière Ankara, près du lac Baïkal. Haute de 12 centimètres, elle est sculptée dans l'ivoire et nous pouvons l'admirer aujourd'hui au Musée de l'Ermitage, à Leningrad.

Tout le corps de la statuette à l'exception du visage, est couvert d'entailles en demilune, qui ne suivent pas ses formes, mais descendent en rangées parallèles. Le visage est cependant nettement délimité et, quand nous considérons la statuette avec un peu de recul, nous nous apercevons qu'elle ressemble de manière troublante à un Esquimau. Elle est vêtue d'une sorte de combinaison à capuche qui encadre le visage et qui forme un tout avec le vêtement. Les petits traits gravés sur tout le corps ont trouvé finalement leur explication : l'artiste voulait représenter de cette façon la fourrure.

Avec les statuettes découvertes à Malta, site qui se trouve non loin de Buret et qui date à peu près de la même époque, la statuette que nous venons de décrire forme un groupe à part, n'ayant pas d'équivalent parmi les Vénus européennes. On n'a pas pu déterminer s'il s'agissait d'un homme ou d'une femme mais, en tant que document, elle est d'une valeur inestimable.

Les statuettes européennes ne reproduisent que partiellement l'apparence des hommes du Paléolithique, car leur fonction était de jouer un rôle pendant les cérémonies, comme objets rituels et magiques. Les statuettes «habillées» de Sibérie sont, par contre, d'une importance capitale pour l'histoire de la culture de l'homme car, en les étudiant, nous pouvons nous faire une idée exacte de la façon de s'habiller des chasseurs de mammouths et de rennes.

Ornements du vêtement de l'homme de Sungir (Union Soviétique)

L'HABITAT

Aujourd'hui, nous avons réussi à éliminer de notre vocabulaire le terme «d'homme des cavernes». Mais jadis, et il n'y a pas si longtemps, c'était un terme fréquemment utilisé dans le langage courant, mais aussi dans les documents écrits. Cette désignation se rapportait aux hommes primitifs du Paléolithique dont on s'imaginait qu'ils vivaient dans les cavernes, communiquaient en poussant des cris inarticulés, chassaient des animaux divers qu'ils traînaient jusqu'à leur caverne où ils éparpillaient leurs os sur le sol, après les avoir dévorés.

Cette représentation périmée des chasseurs du Paléolithique était due aux connaissances encore inconsistantes et fragmentaires du siècle dernier. Lorsqu'on a commencé à découvrir les premiers outils paléolithiques en pierre, les chasseurs «d'antiquités» prirent l'habitude d'aller faire leurs fouilles dans les grottes. En terrain découvert, les foyers et les restes des campements des chasseurs étaient recouverts par d'épaisses couches sédimentaires et personne ne savait à quel endroit il fallait commencer à fouiller. Et si par hasard on mettait quand même la

main sur ces outils, on pouvait ne pas s'en apercevoir : on ne les aurait pas reconnus puisqu'on ne soupçonnait pas leur présence. Dans les cavernes, les instruments en pierre apparaissaient en même temps que de nombreux ossements d'animaux des périodes interglaciaires et de glaciation : ainsi naquit le mythe de l'homme des cavernes.

Mais depuis, le temps a passé, les hypothèses ont évolué, et la science a marqué des points. Les scientifiques découvrirent dans les couloirs souterrains de magnifiques gravures et peintures rupestres, et, après avoir entamé des polémiques autour de leur âge, ils furent obligés d'admettre que «l'homme des cavernes» ne devait pas être cette brute primitive, donnant des coups de massue à droite et à gauche, comme on avait tendance à le croire. Par la suite, on s'est aperçu que l'homme du Paléolithique n'était pas vraiment «des cavernes». Il est évident que s'il tombait sur une bonne caverne, il s'y installait pendant quelque temps, surtout lorsqu'il était en train de pister le gibier pendant ses expéditions de chasse. Certaines grottes convenaient tout à fait pour passer l'hiver, surtout quand on les arrangeait un peu. Mais, la plupart du temps, il habitait en dehors des grottes. Et il existait un grand nombre de chasseurs du Paléolithique, par exemple dans les steppes d'Europe orientale, qui ne virent jamais une caverne de leur vie. Comment faisaient-ils alors pour s'abriter?

Grâce aux nouvelles découvertes archéologiques, nous sommes en mesure de dire que les hommes préhistoriques avaient un habitat très convenable. Ils ont su s'adapter et affronter la nature hostile. On ne trouve pas de grottes partout; il y en a dans le Sud de la France, dans les Pyrénées, dans le Nord de l'Espagne, dans le Sud de l'Allemagne, et dans d'autres pays aux chaînes de montagnes calcaires. Alors comment faire là, où il n'y avait pas de cavernes? Les chasseurs du Paléolithique ont résolu le problème en construisant eux-mêmes leurs abris. Mais n'anticipons pas et regardons un peu quel chemin ils durent parcourir avant d'en arriver là.

Reconstitution d'une hutte du site de Rydno en Pologne. Les chasseurs du Paléolithique supérieur vivaient dans des conditions qui rappelaient les paysages nordiques actuels. C'est pour cette raison que leurs huttes ressemblaient aux habitations des Esquimaux ou de certaines tribus sibériennes.

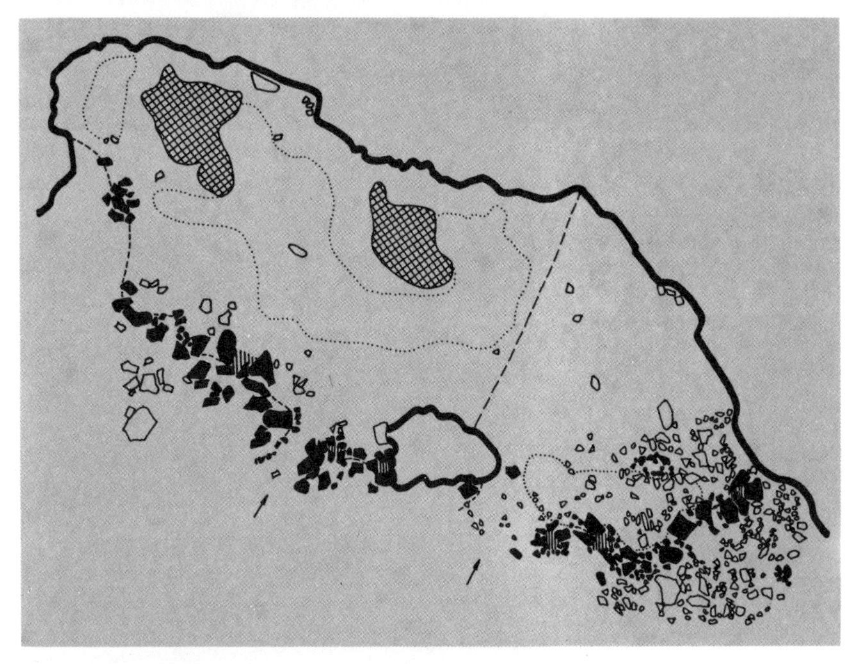

Plan des fondations de la hutte construite à l'intérieur d'une grotte (Grotte du Lazaret : près de Nice). Les pierres noires marquent les contours de l'habitation et les bases de la toiture, les trous des poteaux qui supportaient le toit sont hachurés à la verticale; les surfaces quadrillées désignent les foyers.

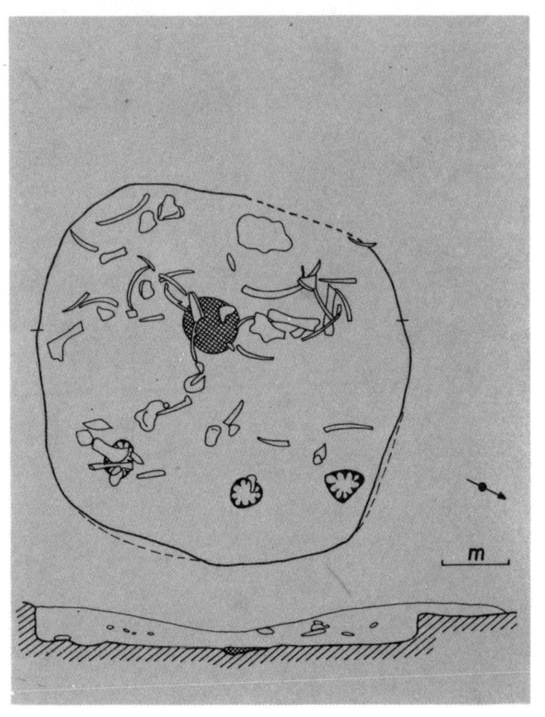

Plan et coupe transversale d'une hutte circulaire et légèrement creusée des chasseurs de mammouths d'un des sites du village de Kostiénki en Union Soviétique.

Reconstitution d'une hutte au sol légèrement creusé, découverte à Tibava en Slovaquie orientale (Tchécoslovaquie). Deux poteaux principaux soutenaient le toit en branches et en bâtons, recouvert de peaux. Au milieu de la hutte, se trouvait un foyer.

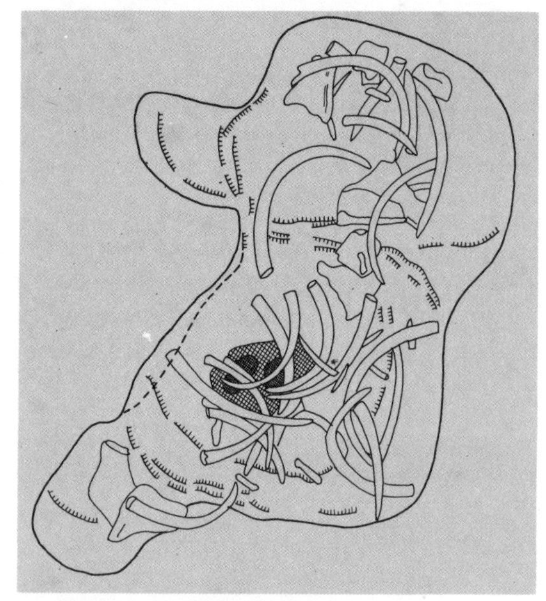

On a découvert au site n° 1 de Kostiénki, une fosse avec des traces de foyer au fond. Elle était entièrement remplie de défenses de mammouths qui servaient peut-être à soutenir le toit.

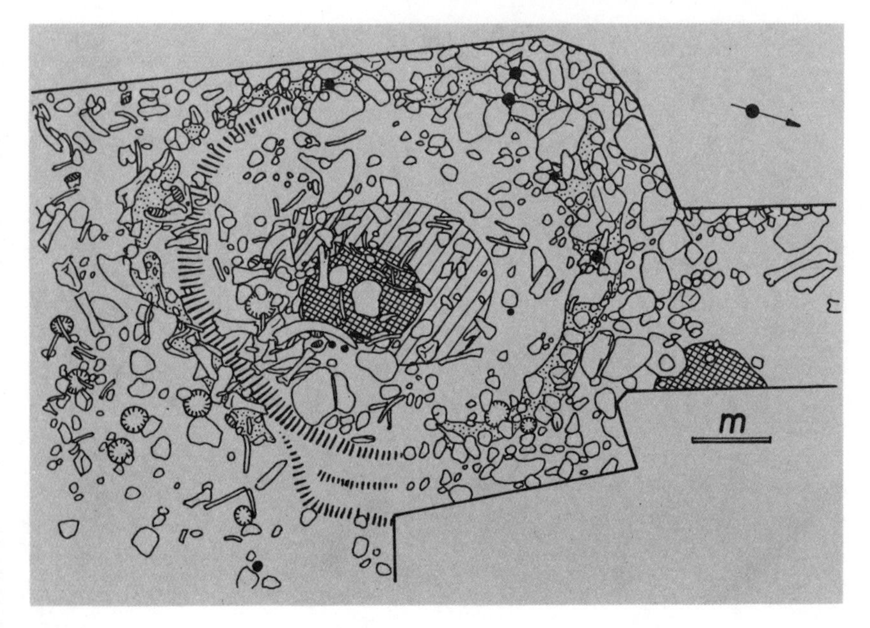

DE LA CACHE A LA HUTTE

Cette polarisation peut paraître un peu exagérée. Quand nous nous demandons comment vivaient nos ancêtres préhominiens, nous nous mettons tout naturellement à observer les grands singes qui en sont, en quelque sorte, la réplique. Nous constatons alors qu'ils ont l'habitude de construire des abris de branches et de feuilles, la plupart du temps dans les arbres, mais également à même le sol. En général, ils n'y passent qu'une seule nuit. Il y a des chances pour que nos ancêtres aient fait de même. Il est évident que nous ne pourrons jamais le vérifier mais, après tout, cela n'a pas vraiment d'importance, car ce n'étaient pas encore des hommes. Après qu'ils eurent adopté la vie sur la terre ferme, ils abandonnèrent la construction de leurs abris. Il a bien fallu trouver autre chose, mais quoi?

On peut envisager toutes sortes d'hypothèses : ils pouvaient dormir à la belle étoile, dans des buissons, dans un arbre creux ou bien dans un trou, lorsqu'un arbre se déracinait, dans une grotte ou dans un abri-sous-roche. Toutes ces éventualités ont un dénominateur commun : elles ne laissent pas de traces, on ne peut pas les vérifier. Ainsi, nous ne saurons jamais, quelle était la ou les bonnes solutions.

Mais l'humanité continuait à évoluer et ce qui suffisait à l'homme auparavant ne le satisfaisait plus. Il a vite compris qu'il était bien plus agréable de s'installer sous un rocher en surplomb ou dans une caverne, plutôt que de dormir dans des abris précaires, dans un paysage découvert; cette constatation ne demandait pas une intelligence aiguë. La question de commodité élémentaire devint une nécessité quand les hommes s'habituèrent à l'utilisation du feu qu'il fallait protéger contre les intempéries. Quand la pluie éteignait le feu, la survie de toute la horde se trouvait compromise, surtout pendant certaines périodes. Par conséquent, il fallait absolument y remédier.

Une hutte de chasseurs de mammouths aux fondations solides a été bâtie dans un site près de Dolní Věstonice (Tchécoslovaquie), il y a vingt-cinq mille ans. Le socle en pierre était consolidé par de l'argile, et on peut remarquer, par-ci par-là, les trous des poteaux qui soutenaient la toiture (ils sont marqués par des points noirs). Au milieu du sol, au lieu d'un simple foyer, on trouve un four en terre cuite dans lequel on faisait cuire des statuettes d'animaux en céramique.

L'homme du Paléolithique qui ne voulait pas courir ce risque, inventa une caverne «artificielle». L'idée en soi ne suffisait pas; c'était un travail de longue haleine. Pour le réaliser, il fallait posséder tout un équipement qui était, à l'époque la plus reculée du Paléolithique, bien sommaire : il se composait de galets aménagés et d'éclats de pierre. Au début, les chasseurs construisaient des murs bas de branches et d'herbes tressées, pour protéger le feu dans les contrées balayées souvent par les vents. Quand c'était la pluie qui représentait le principal danger (dans les régions chaudes et humides), cette protection prenait la forme d'un toit qui surplombait le foyer. Le mur protecteur était droit ou en demi-cercle et, en le considérant, l'homme s'est aperçu qu'il pouvait l'améliorer. Il était facile, en effet, de concevoir deux murs analogues, mais inclinés l'un vers l'autre, de sorte qu'ils se touchaient au sommet et formaient une tente à base rectangulaire. On pouvait faire la même chose avec le mur semi-circulaire : il suffisait de suivre la circonférence, et on obtenait une petite hutte à base circulaire : la grotte «artificielle» était née. La vraie caverne était, bien sûr, plus agréable à habiter, mais le petit abri précaire, construit par l'homme, avait également ses avantages : c'était un espace fermé qui le protégeait du vent et de la pluie où il pouvait vivre, dormir, manger, se réchauffer et travailler. C'est là qu'il se réfugiait pour se protéger de tout ce qui était dangereux ou désagréable dans le monde qui l'entourait. C'était sa maison.

L'APPARITION DU PREMIER HABITAT

Le chemin que nous venons de retracer est tout à fait imaginaire, nous n'avons pas vraiment de preuves de ce que nous avançons. C'est qu'il n'est pas facile de trouver des traces d'une simple hutte dans le sol après tant d'années. Si cette hutte qui n'était qu'un treillis de branches, de feuilles et d'herbes, recouvert de peaux, disparut sans laisser de traces, à plus forte raison, la petite muraille que les chasseurs dressaient pour protéger le feu du vent, ne put se conserver.

L'archéologie moderne mène parfois de véritables enquêtes policières, interprétant des traces apparemment insignifiantes pour en tirer, par déduction, des conclusions solides et bien argumentées. Elle procède également par analogie et en coopération avec l'ethnologie, observant, par exemple, les traces que laissent sur le sol les campements des tribus de chasseurs australiens ou amérindiens. Lorsqu'on découvre un site dans lequel vivaient les ancêtres de l'homme, il y a un ou deux millions d'années, il suffit d'observer comment sont disposés les déchets de nourriture et les restes du travail humain (les instruments finis, les éclats qui en résultent) sur un petit espace bien délimité pour connaître l'emplacement du mur protecteur ou la surface et la forme de l'abri. Et lorsque l'architecte primitif se mit à utiliser les pierres, il fit le bonheur des chercheurs du XXe siècle dont il facilita la tâche. Grâce à quelques grosses pierres disposées en demi-cercle, on a pu discerner à Olduvaï, en Afrique occidentale, la plus ancienne construction connue qui devait être une sorte de mur, renforcé sur le sol par des pierres. La couche sédimentaire très profonde dans laquelle on a découvert cette base, date à peu près de deux millions d'années. Les traces d'une fragile hutte circulaire que les chercheurs surent reconnaître à Gomboré, en Éthiopie,

Les poteaux qui soutenaient la charpente de la hutte de Dolní Věstonice, étaient coincés par de grandes et de petites pierres.

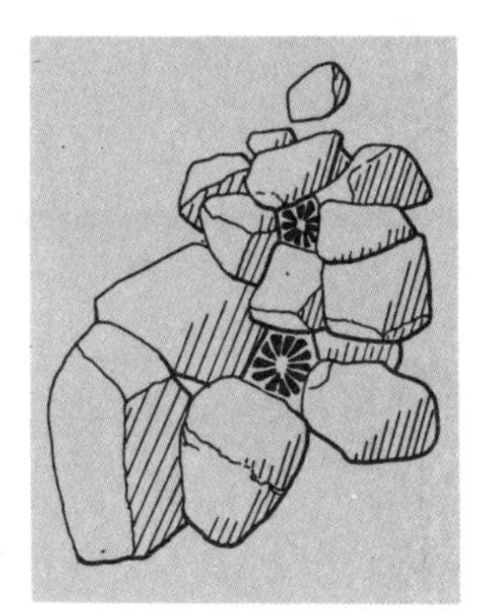

On creusait le sol des huttes à l'aide de pioches. Pour ce faire, on aménageait des bois de rennes (à gauche, Pavlov : Tchécoslovaquie) ou des côtes affûtées de grands animaux, fixées à un manche en bois (à droite, Iéliséievitchi : Union Soviétique).

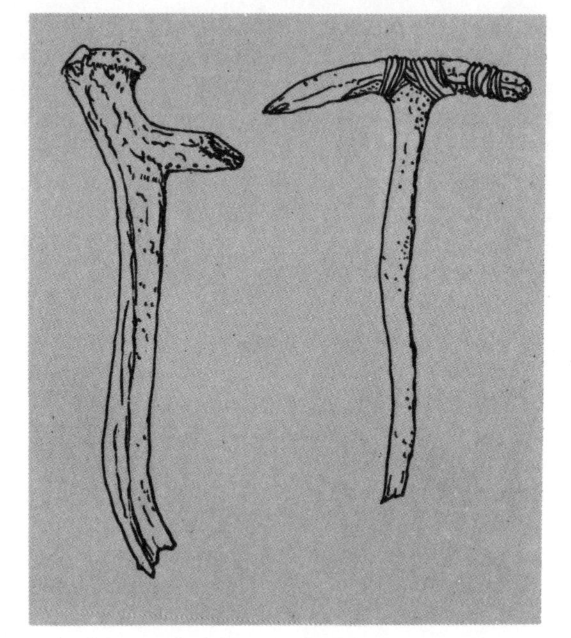

provienennent à peu près de la même époque.

Le continent européen n'a pas de vestiges aussi anciens et, compte tenu de ce que nous savons des origines de l'homme, il y a peu de chances qu'il devance un jour l'Afrique sur ce terrain. Ce que révélèrent les fouilles entreprises à Soleihac, dans l'Aveyron, et ce qui pourrait être considéré comme la base d'une construction aux formes indéterminées, date à peine d'un million d'années. Mais l'Europe possède d'autres vestiges si intéressants que la question d'âge s'en trouve largement compensée : on a pu découvrir des restes importants d'une cabane si bien conservés qu'on a pu se faire une idée très nette de l'ensemble de la construction. Celui qui l'habitait, y laissa les marques de son travail et de son intelligence ainsi que des empreintes bien réelles, celles de son pied dans le sable.

On a découvert ces trésors par hasard. Il y

a une vingtaine d'années, au bout d'une ruelle de Nice, au-dessus du vieux port, on commença à creuser les fondations pour la construction d'une grande maison avec une vue magnifique sur la Méditerranée. Une personne qui, fort heureusement, avait un bon esprit d'observation, remarqua des outils en silex, dans le sol manipulé par la pelleteuse. On arrêta immédiatement les travaux et une des plus grandes aventures archéologiques a pu commencer. A la place d'un immeuble moderne, équipé de toutes les commodités du XXe siècle, on se consacra à la plus ancienne construction européenne qui datait de cinq cent mille ans!

En ces temps reculés, la Côte d'Azur n'était pas ce qu'elle est aujourd'hui : c'étaient des plages de sable et de galets qui s'étendaient à perte de vue et côtoyaient immédiatement les forêts giboyeuses de l'arrière-pays. Cet endroit magnifique a dû plaire à une horde de chasseurs qui y fit son apparition, un beau jour de printemps. Par la suite, cette horde s'habitua à venir passer le printemps et l'été à cet endroit et à reconstruire une hutte toujours à la même place. C'était un abri à base ovale, long de quelques mètres. Au milieu de la pièce se trouvait un foyer, dans une petite

Mur protecteur

Une des premières huttes sur le sol européen (Terra Amata : à proximité de la grotte de Lazaret, près de Nice)

Sur les parois de la grotte de Bernifal en Dordogne et de bien d'autres grottes encore, on peut rencontrer des formes qui rappellent la coupe transversale d'une hutte en forme de coupole ou d'une tente. Mais les savants sont tentés aujourd'hui d'abandonner l'idée qu'il s'agissait d'habitations paléolithiques.

cavité peu profonde. Pour le protéger des courants d'air, les habitants de la hutte dressèrent une bordure de pierres superposées à côté du foyer. Le toit, probablement en forme de coupole, était construit de grosses branches et de troncs de jeunes arbres qui poussaient dans les alentours. Il était peut-être recouvert d'herbes ou d'algues que les chasseurs ramassaient sur la plage, ou bien encore de peaux. N'oublions pas que le climat de cette région était dans ces temps-là bien moins doux qu'aujourd'hui.

Pendant un demi-million d'années, ces vestiges précieux attendirent, d'abord enfouis sous une couche de sable, sous une épaisse couche de terre par la suite, avant que l'homme ne les redécouvre. Et les hommes du XXe siècle surent les apprécier à leur juste valeur : l'étage inférieur de l'immeuble fut transformé en musée où les visiteurs peuvent admirer non seulement les contours au sol de cette ancienne habitation, mais aussi sa reconstitution fidèle, grandeur nature.

L'ART DE CONSTRUIRE CHEZ LES CHASSEURS DE MAMMOUTHS

Les millénaires passaient, et les hommes apprenaient à construire des huttes de plus en plus solides, surtout quand ils furent obligés d'y passer l'hiver, à l'époque de la dernière glaciation.

La principale difficulté était le manque de bois pour la charpente : les arbres ne pous-

Hutte mésolithique

saient pas dans cette steppe exposée aux vents. On en trouvait un peu dans les rares bosquets qui végétaient dans les endroits mieux abrités. Les hommes utilisaient donc tout ce qui leur tombait sous la main.

Les fouilles effectuées dans les régions de steppes de l'Ukraine et de la partie européenne de la Russie où le besoin d'un abri solide pour l'hiver était tout particulièrement impératif, révélèrent un nombre important de fondations de huttes dont la conception était très astucieuse et originale. Grâce à ces découvertes, nous savons aujourd'hui comment les chasseurs de mammouths construisaient leurs abris.

Dans un endroit choisi, on dressait d'abord la base du toit. C'était une sorte de so-

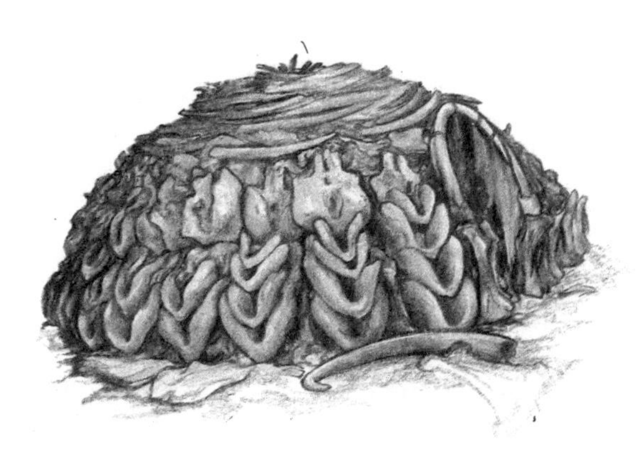

Reconstitution de la hutte des chasseurs de mammouths (Mejiritchi : Union Soviétique)

Ce plan des restes d'une hutte paléolithique de Mejiritchi (Union Soviétique), découverts par les archéologues, montre bien l'utilisation de différents os de mammouth, surtout des mandibules inférieures qui s'emboîtaient très facilement (partie supérieure du croquis).

Construction d'une hutte à l'aide d'une pioche en bois de renne

cle en grosses pierres et en os de mammouths (crânes, fémurs, omoplates, os iliaques, etc.) qui constituaient un excellent matériau de construction. Ce socle de base atteignait la hauteur d'un demi-mètre environ. Ensuite, on le consolidait en colmatant les fentes entre les pierres et les os avec de l'argile. Ce socle était presque toujours circulaire, son diamètre atteignant facilement cinq mètres.

Une fois achevée sa construction, on commençait à dresser le toit. Cette hutte ressemblait à une tente, car ses parois faisaient déjà partie du toit : on enfonçait dans le socle de grosses branches ou des troncs de jeunes arbres, en les espaçant régulièrement. On les attachait au sommet, de sorte que ce point de contact se trouvait juste au-dessus du centre de la base circulaire, à une hauteur de deux ou trois mètres, rarement plus, car il ne devait pas être facile de se procurer des pièces de bois aussi longues. On obtenait ainsi une charpente simple, conique, pointue

Le socle circulaire d'une habitation en forme de tente, de Malta en Sibérie, se composait de grands blocs de pierre calcaire.

Dans certains campements de chasseurs de rennes, aux alentours de Hambourg, dans le Nord de l'Allemagne, se sont conservées des traces de tentes qui datent de la fin du Paléolithique. On a amoncelé autour de cette tente une base de sable en forme de lettre C dont l'ouverture était tournée vers l'Est. C'est dans l'entrée que se situait un petit foyer (surface quadrillée du dessin).

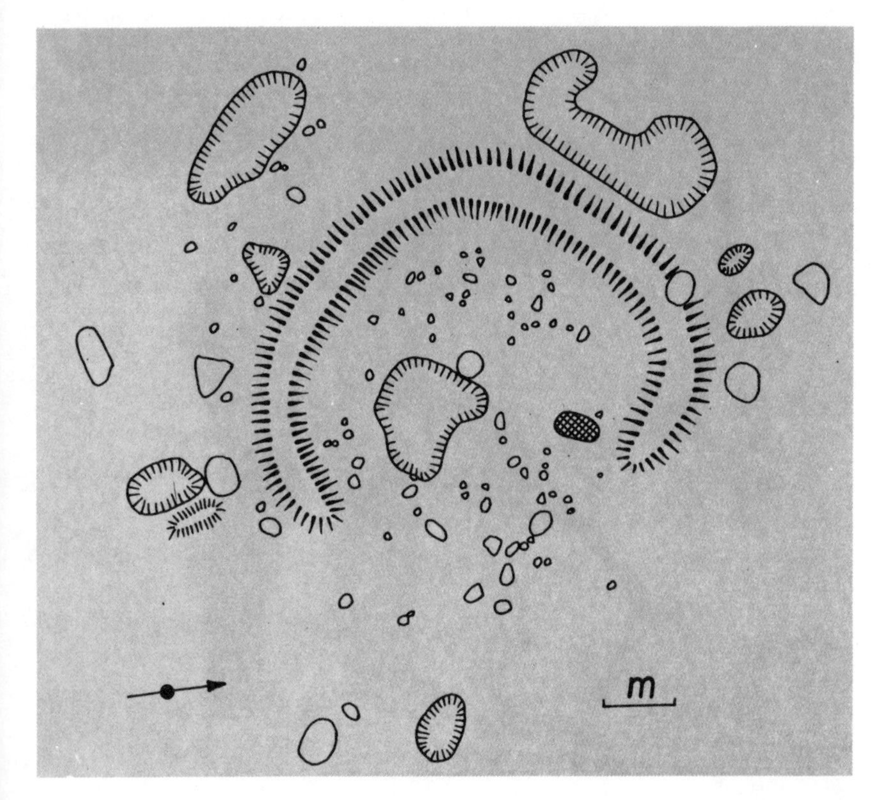

ou arrondie suivant la forme et la souplesse du bois utilisé pour la construction.

Cette charpente était recouverte et renforcée par de fines branches. Quand on manquait de bois, les chasseurs s'aidaient autrement : ils utilisaient les bois de rennes qui se distinguent par leur longueur, ramifications et diversité de formes, de sorte qu'on pouvait très bien les emmêler et les emboîter. Il existe des cas où ce type de construction s'est conservé jusqu'à nos jours. Dans le site de Malta, en Sibérie, le sol a livré une construction qui avait un toit semblable. Elle avait par ailleurs un socle en pierre calcaire remarquable. Après le départ de ses habitants, les branches de la charpente ne résistèrent pas aux intempéries et le toit en bois de rennes s'effondra à l'intérieur de l'édifice. C'est dans cet état que les archéologues l'ont trouvé.

Si la pénurie du bois était un obstacle à la construction des huttes, le matériau pour couvrir le toit, par contre, ne manquait pas. Les peaux des gros animaux tués faisaient très bien l'affaire. Malheureusement, ces peaux étaient très lourdes et nécessitaient une charpente solide; parfois, il fallait même les soutenir de l'intérieur. Mais le toit en peau était résistant, étanche et faisait un excellent isolant thermique. Au ras du sol, où les ouvertures pouvaient apparaître, on maintenait les peaux en place par de grosses pierres, des amas de terre, des os et même des défenses de mammouth. On posait également les os les plus longs sur le toit pour empêcher le vent d'emporter les peaux.

Les trous dans les parois étaient soigneusement bouchés pour empêcher la chaleur de s'échapper. Le feu qui brûlait en général au centre de l'habitation, ne pouvait pas être trop important. D'une part, les combustibles étaient rares (nous savons déjà que les chasseurs étaient obligés de brûler les os pour alimenter le feu), d'autre part, le bois était vert et enfumait énormément. Quant à la fumée, il fallait qu'il y en ait le moins possible pour que la hutte soit habitable : elle n'avait pas de fenêtres et son entrée se limitait à une petite ouverture qu'on fermait par une peau suspendue au-dessus. Si on avait ménagé une ouverture au sommet du toit, elle ne devait pas être trop large, car la pluie aurait éteint le feu. Si nous imaginons les chasseurs du Paléolithique rassemblés autour du feu, n'oublions alors pas d'évoquer l'épais nuage de fumée qui planait à un mètre du sol. Le chasseur ne pouvait lui échapper que couché ou assis.

Nous ne pouvons faire que des suppositions quant au lit des habitants de la hutte. Cela pouvait être un tas de fines branches de feuillus ou de conifères (ces derniers étaient plus fréquents à l'époque de chasseurs de mammouths) sur lequel on étendait une fourrure pour dormir. Il est impossible de déceler aujourd'hui les restes d'un tel lit, mais parfois, on peut tout de même faire des découvertes intéressantes. Lorsque les archéologues français étudièrent le sol d'une hutte construite dans la grotte de Lazaret, près de Nice, ils trouvèrent dans les endroits où on ne circulait pas, en dehors du foyer, des couches de minuscules coquillages. Comme nous savons que ces crustacés s'attachent généralement aux algues qui échouent sur les plages, nous pouvons supposer que les hommes les ramassaient et les utilisaient pour faire leur lit. Cette hutte est également intéressante pour d'autres raisons : c'est une construction plus ancienne que celle des chasseurs de mammouths, et elle était construite à l'intérieur de la grotte, collée à la paroi rocheuse.

Les savants ont fait d'autres découvertes tout aussi intéressantes dans d'autres endroits : dans une grotte du Sud de l'Allemagne, que les chasseurs habitaient au Paléolithique supérieur. L'analyse chimique du sol révéla la présence d'éléments organiques, contenus dans la fourrure. Nous pouvons donc conclure qu'il s'agissait des peaux que les chasseurs étendaient sur le sol pour dormir.

Il faut mentionner encore un détail : les branches assez courtes qu'on utilisait pour la construction d'un toit, ne permettaient pas d'agrandir l'espace de la hutte. Les architectes préhistoriques réussirent à construire des abris plus spacieux en abaissant le niveau du sol. Cette habitation «enfoncée» un peu dans la terre était également mieux aérée et mieux chauffée. Le décalage entre les niveaux des sols n'était pas très important : il suffisait de creuser un trou d'un quart ou d'un demi-mètre. Malgré tout, ce n'était pas chose facile car, pour creuser, les hommes n'avaient que leurs mains et quelques gros bâtons. Pour se faciliter la tâche, ils inventèrent des outils. Ainsi a-t-on pu trouver dans les sites de chasseurs de mammouths de Moravie ou d'Europe orientale des pioches en bois de renne. On le taillait et on le façonnait jusqu'à ce qu'il présente la forme d'une pioche, la partie la plus large de la corne servant de manche à l'instrument. On a pu découvrir un outil analogue (bien que cassé) enfoncé dans le sol d'une hutte de Pavlov, en Moravie. D'autres trouvailles nous indiquent qu'on utilisait également les côtes de mammouths pour le même usage.

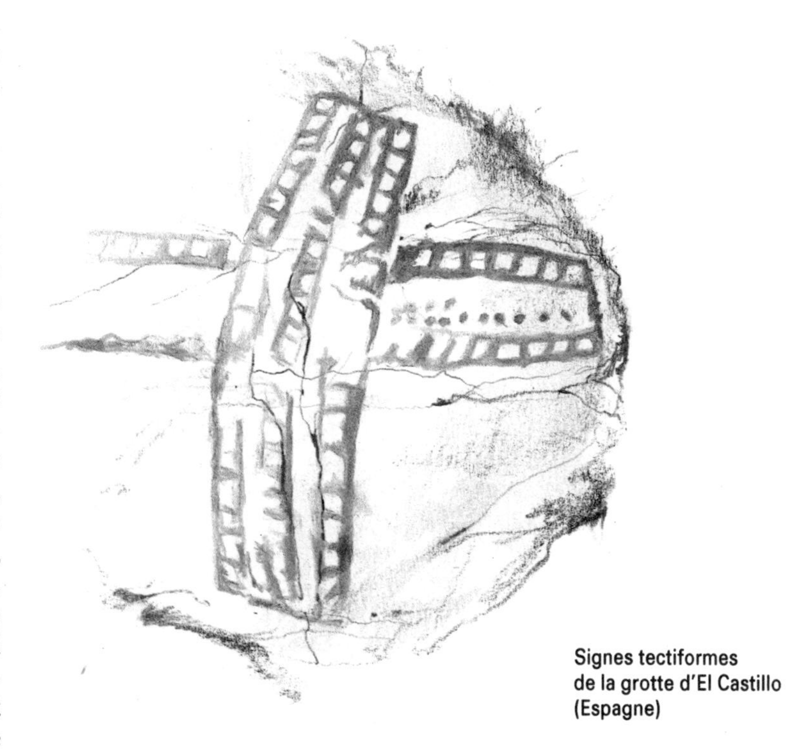
Signes tectiformes de la grotte d'El Castillo (Espagne)

De tout ce que nous venons de dire, on peut déduire que la construction d'une hutte d'hiver n'était pas une petite affaire : tous les membres de la horde devaient apparemment y participer. Mais, très vite, ces efforts se révélèrent rentables et utiles lorsqu'en hiver, qui était à l'époque particulièrement glacial, les hommes à leur retour de la chasse rejoignaient leurs femmes et enfants dans ce refuge enfumé, mais bien chauffé. La horde pouvait très bien passer l'hiver de cette façon, pour repartir au printemps, à la recherche de nouveaux terrains de chasse. Parfois, elle revenait au même endroit avec le retour du froid mais, la plupart du temps, les chasseurs reconstruisaient leur hutte d'hiver ailleurs. L'ancien abri, qui ne résistait pas aux intempéries, tombait en ruines et le bois de sa charpente pourrissait et se décomposait peu à peu. Ces maigres restes, recouverts progressivement par le sol, attendent les archéologues pour réapparaître au grand jour et nous apporter, peut-être, quelques connaissances supplémentaires.

LES DÉCOUVERTES DES CHASSEURS DE RENNES

Les choses changèrent à la fin du Paléolithique. Le temps ne s'était pas adouci, bien au contraire. Dans l'hémisphère Nord, le climat devint encore plus détestable qu'à l'époque des chasseurs de mammouths. Il y a seulement quinze mille ans, au moment où la dernière glaciation commença à reculer, les chasseurs peuplèrent à nouveau les régions rendues désertes pendant de longues années par le souffle glacial du climat nordique. Ils montaient de plus en plus vers le Nord et, en été, ils se hasardaient jusqu'à la barrière de glaciers qui quittaient l'Allemagne et la Pologne en direction de la Scandinavie. Dans cette région de toundra monotone avec, par endroits, des milliers de petits lacs qui provenaient de la glace fondue, vivaient des troupeaux de rennes. Les mammouths se mirent à décroître jusqu'à disparaître complètement de l'Europe. Mais les troupeaux de rennes comptaient bien plus de têtes que les troupeaux de mammouths, ce qui palliait la différence de la quantité de viande représentée par la prise d'un colosse comme le mammouth. Les choses en seraient restées là si le renne avait vécu de la même façon que le mammouth. Mais, hélas, le renne était bien plus agile, on ne pouvait pas le poursuivre à pied, ni cerner ses immenses troupeaux, les pièges restaient inefficaces. Qui plus est, deux fois par an, les troupeaux émigraient en se déplaçant sur des centaines de kilomètres : en été vers le Nord et en hiver vers le Sud.

L'époque où la horde pouvait vivre tranquillement sur place pendant des mois et chasser dans les alentours de son site était bien révolue. Lors de la période de chasse, le chasseur de rennes devait être sans cesse sur le qui-vive, prêt à partir avec tous ses biens sur les traces du troupeau dont la viande lui permettait de vivre. Il parcourait souvent des grandes distances et devait adapter son habitat à ce mode de vie. Les chasseurs d'Europe centrale vivaient de la même façon, même si le renne était rare dans cette région. Leur gibier de prédilection était le cheval sauvage.

Ce nouvel abri devait donc être facilement transportable, étant donné que la horde ne passait jamais la nuit deux fois au même endroit; il était impossible de continuer à construire les huttes comme auparavant. Il aurait fallu trop de temps et, dans la toundra, on ne trouvait pas le matériau nécessaire à leur construction. Et comme les hommes devaient transporter leurs abris soit sur le dos, soit sur une sorte de traîneau, il fallait donc qu'ils soient très légers. C'était un problème important que les chasseurs réussirent cependant à résoudre parfaitement : ainsi apparurent les premières tentes.

Pour être tout à fait honnête, on ne peut pas vraiment affirmer que les hommes n'inventèrent la tente qu'à la fin du Paléolithique. Mais les premières traces de campements de tentes qui sont nettes et assez nombreuses datent bien de cette époque. L'exemple classique de ces campements se trouve dans les endroits sablonneux des environs de Hambourg où de nombreuses hor-

Les chasseurs et les pêcheurs des bords du Danube, entre la Yougoslavie et la Roumanie, construisaient, vers la fin du Mésolithique, des huttes curieuses à base trapézoïdale, au foyer rectangulaire, bordé de pierres, à côté duquel on posait des statuettes, sculptées dans des galets (reconstitution d'une des huttes du site de Lepenski Vir : Yougoslavie).

Reconstitution d'une tente à partir des vestiges trouvés à Ahrensbourg (RFA)

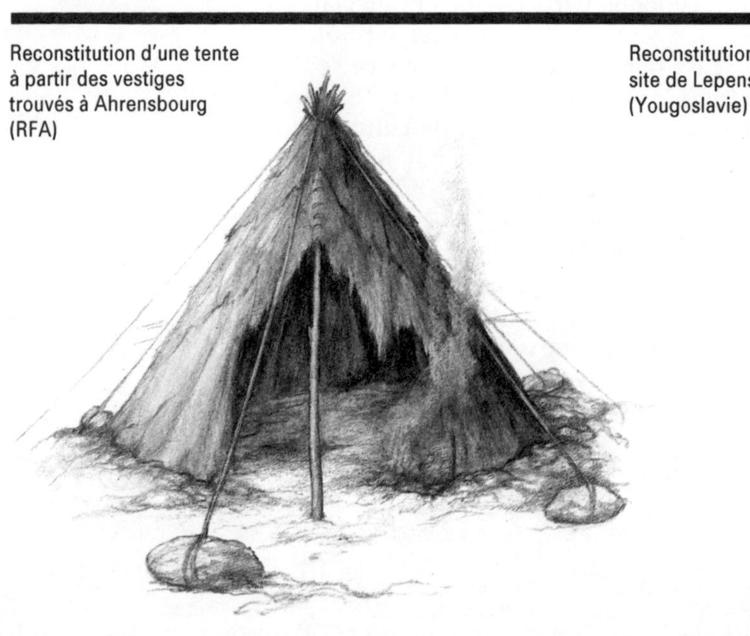

Reconstitution d'une hutte du site de Lepenski Vir (Yougoslavie)

des de chasseurs de rennes campèrent parmi les lacs, pendant des milliers d'années. Les chasseurs dressaient leurs tentes dans un endroit choisi et, une fois la chasse terminée, ils les repliaient pour reprendre la route. Elles se composaient d'une construction en bois sur laquelle on posait des peaux de rennes cousues. L'ensemble était de forme conique et le poids variait entre 100 et 200 kilogrammes. Une telle tente, malgré tout, était lourde à porter, on la démontait donc en parties séparées pour faciliter son transport. Selon les observations des tribus de chasseurs d'aujourd'hui, nous pouvons supposer que dresser les tentes était un travail réservé aux femmes. Les hommes étaient occupés à chasser et à veiller sur la sécurité de la horde.

Lorsqu'on allumait le feu dans la tente, si les peaux étaient bien cousues et maintenues au sol avec de grosses pierres et du sable, on pouvait très bien y vivre, même en hiver. Les chasseurs de rennes dont le site se trouve près de Hambourg perfectionnèrent encore leur conception de la tente afin de mieux garder la chaleur. En effet, ils construisaient une petite tente de base où ils vivaient et une autre, plus grande par-dessus, pour protéger la première. La couche d'air qui existait entre les deux, servait d'isolant thermique et maintenait à l'intérieur une température constante et agréable. Pour que le vent ne renverse pas cette construction fragile, on la maintenait probablement au sol par des cordes qui partaient de son sommet et sur lesquelles on posait des pierres.

Depuis, la tente est restée l'habitation préférée de tous les nomades, qu'ils soient chasseurs ou bergers. On vit dans des tentes de nos jours dans le Grand Nord ; dans ces régions se retiraient les troupeaux de rennes à la fin du Paléolithique, fuyant la forêt qui apparut dans le Sud avec le changement de climat. Si nous nous représentons le paysage européen du Mésolithique nous comprenons aussitôt qu'il n'était plus pratique de continuer à utiliser les tentes dans ces nouvelles conditions. Le gibier de la forêt n'émigrait pas et le chasseur n'avait donc plus besoin de parcourir de grandes distances à sa poursuite. Se frayer un passage dans cette forêt vierge, chargé de branches et de peaux pour la construction de la tente, était devenu impossible et inutile. Quand les chasseurs avaient besoin de s'arrêter, ils trouvaient tout ce dont ils avaient besoin sur place pour construire des huttes légères de branches, recouvertes d'herbes, de feuillage ou d'écorce. Ils repartaient le lendemain, le cœur léger, sachant que le soir, ils allaient retrouver tout le matériau nécessaire pour une nouvelle construction. Le Mésolithique fut alors la période des huttes provisoires qu'on ne transportait pas ; on peut les comparer aux wigwams des Indiens de l'Amérique du Nord (de même que les *tipis* des prairies rappellent les tentes de la fin du Paléolithique).

On se demande pendant combien de temps encore, les chasseurs auraient continué à vivre de cette façon, si une vague d'hommes, venus du Sud-Est, n'avait pas pénétré en Europe. C'étaient des bergers et des agriculteurs qui savaient construire de véritables maisons en bois, grâce à leurs outils perfectionnés, où il faisait bon vivre, été comme hiver. Mais, là, commence une nouvelle époque et une autre histoire.

LA SÉPULTURE

En juillet 1949, on a fait une découverte particulièrement intéressante à Dolní Věstonice, le plus célèbre site paléolithique de Tchécoslovaquie. Au cours des travaux de fouilles d'une grande hutte, les ouvriers tombèrent sur des os de mammouth — des omoplates et un os iliaque. Quand ils réussirent à enlever une omoplate, ils trouvèrent en dessous un crâne humain.

Cette trouvaille éveilla immédiatement la

Cimetière des Néandertaliens sous un rocher en surplomb à La Ferrassie, dans le Sud de la France : à gauche se trouvent les tombes des adultes, au milieu et à droite, celles des enfants.

curiosité du monde scientifique, car si les chasseurs de mammouths ont laissé beaucoup de choses dans leurs campements, les ossements humains sont tout de même rares. La position du crâne et la disposition des os de mammouth, laissent supposer qu'il pourrait s'agir d'une tombe. L'exploration minutieuse de l'endroit corroborait cette hypothèse : on a trouvé, dans une cavité peu profonde, recouverte de deux omoplates de mammouth (dont une était rayée sur sa face inférieure), un squelette humain, couché sur le côté droit, très fortement recroquevillé, de sorte qu'il occupait peu de place. D'ailleurs, même de son vivant, ce corps était menu. Les anthropologues déterminèrent qu'il s'agissait d'une femme, âgée d'une quarantaine d'années, haute à peu près de 1,60 m, et de constitution fragile. Lors du rite funéraire, on avait répandu sur sa tombe de l'argile rouge.

En outre, on a trouvé dans la tombe quelques outils et éclats de silex et, à côté de la main gauche de la défunte, les ossements d'un renard polaire. La morte tenait également dans sa main droite une dizaine de crocs appartenant au même animal. La coupe transversale du sol au-dessus de la tombe révéla que celle-ci était signalée par un monticule de terre, et il n'est pas exclu que l'os iliaque qu'on a trouvé à cet endroit, ait servi à l'origine à marquer son emplacement, en formant une sépulture sommaire. Puisque nous parlons du sol au-dessus de la tombe, nous constatons qu'elle a failli disparaître à tout jamais, sans laisser de trace. Au-dessus d'une partie de cette sépulture extraordinaire, passait pendant de longues années une route à travers champs que les passages successifs creusaient d'année en année, et dont le dernier niveau se trouvait à peine à dix centimètres au-dessus de l'omoplate de mammouth qui protégeait le squelette.

Les archéologues purent donc sauver la tombe de justesse : ils creusèrent un fossé tout autour, de sorte qu'elle reposait sur un socle argileux. On entoura ensuite de barres de fer, et on coula le tout dans le plâtre pour que rien ne se déplace à l'intérieur pendant le transport. Au Musée morave de Brno, les spécialistes «défirent» le paquet, analysèrent minutieusement son contenu, et le traitèrent pour éviter toute dégradation. Cette sépulture paléolithique, ainsi sauvée, est conservée aujourd'hui encore dans ce musée.

La tombe de Věstonice est un bel exemple du soin que les chasseurs de mammouths prenaient de leurs morts (ou du moins de certains d'entre eux) à l'époque de la dernière glaciation. Mais ce n'est pas la sépulture la plus ancienne que nous connaissions. A cette période du Paléolithique, l'habitude d'enterrer les morts, dont les origines remontent à une époque beaucoup plus lointaine, était déjà bien établie. Mais comme cela arrive fréquemment, même dans ce cas précis, il n'est pas aisé de déterminer les débuts de cette coutume.

Crâne d'un Néandertalien

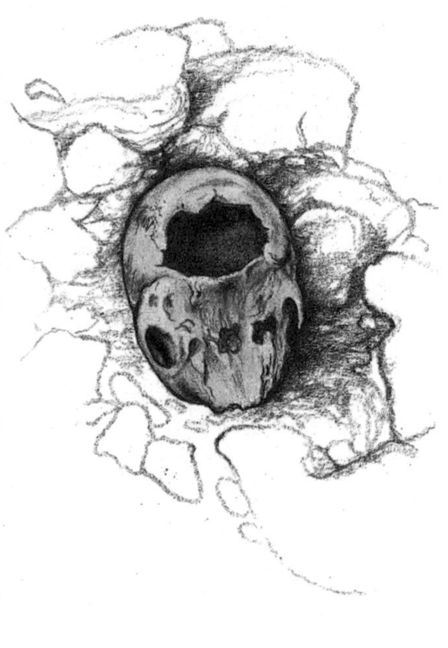

LA PLUS ANCIENNE SÉPULTURE

Les animaux n'enterrent pas leurs morts. Cet acte est l'apanage de l'homme qui s'est fait une idée de la mort et de ce qui arrive après. C'est pour cela que la coutume d'ensevelir les morts ne doit pas être très ancienne. Elle a dû apparaître au moment où le passage du stade primitif au stade plus évolué était tout à fait achevé, où l'homme commençait à se poser des questions et à réfléchir à d'autres problèmes que ceux posés par la nourriture.

Cependant, les premières funérailles sont entourées de mystères, au même titre que les premiers instruments ou la première hutte. Il est effectivement impossible de savoir quand et où la horde eut l'idée d'enterrer l'un de ses membres, un parent qui vivait, travaillait, chassait, luttait, fêtait, mangeait et se réunissait avec les autres, autour du même feu. Lorsque les hommes atteignirent le degré spirituel suffisant pour réaliser ce que représente la vie en commun et l'aide mutuelle au sein de la horde (en dehors de laquelle l'individu ne pouvait pas survivre), un esprit de convivialité s'établit peu à peu, en même temps que des sentiments qui unissaient les membres de la même horde. Quand un chasseur mourait, que ce soit de mort naturelle ou des suites d'un accident de chasse, ses compagnons regrettaient son départ.

La mort ressemblait à un sommeil profond; les hommes ne savaient pas encore, quelle était la différence entre les deux. L'espoir que le sommeil s'arrêterait et que la personne aimée se réveillerait, pouvait donner naissance à toutes sortes de croyances qui se traduisent dans la disposition et le contenu des sépultures les plus anciennes. Ainsi, par exemple, l'habitude d'ensevelir les corps recroquevillés, couchés sur le côté, les mains placées sous la tête, reproduit fidèlement la position d'un dormeur. La coutume de répandre sur le cadavre de l'argile rouge qu'on obtenait à partir des minéraux contenant le fer, était courante au Paléolithique, et devait avoir une signification profonde que nous ignorons aujourd'hui. La couleur rouge évoquait peut-être le sang par lequel la vie s'échappait du corps blessé; l'argile rouge pourrait donc être censée réanimer le mort en lui rendant le sang et la couleur.

Mais les témoignages des croyances anciennes les plus parlants sont les objets qu'on trouve dans les tombes : armes, instruments, parures. La seule explication valable de leur présence est qu'ils appartenaient au mort, que celui-ci les aimait et les utilisait tous les jours, et c'est pour cette raison qu'on les a ensevelis en même temps que son corps, pour qu'il puisse les retrouver quand il en aurait à nouveau besoin.

Mais il est troublant de constater que certains squelettes sont recroquevillés si fortement qu'on a dû garroter le cadavre pour le maintenir dans cette position. Tel était le cas du squelette découvert à Dolní Věstonice, mentionné plus haut. Cela signifie peut-être que la peur de la mort et du retour des morts parmi les vivants auxquels ils pourraient nuire, faisait prendre aux hommes des précautions. L'habitude d'attacher les morts se maintint même plus tard, pendant toute la préhistoire, et survécut jusqu'aux temps historiques chez certains peuples. Sa raison est toujours la même : empêcher que le cadavre ne se lève et ne revienne. Nous ignorons ce que l'homme du Paléolithique s'imaginait à ce sujet, mais ces représentations devaient être déjà assez complexes, et les sentiments qu'il éprouvait pour les morts, mitigés.

Mais revenons à «la plus ancienne tombe». Il est évident que nous ne pourrons jamais la retrouver et cela pour des raisons très précises : les hommes ne se mirent pas à enterrer leurs morts du jour au lendemain, sans préparation. Des cultes funéraires divers, rendus aux compagnons morts, devaient précéder les ensevelissements dans la terre. Ils existaient encore à l'époque où on enterrait couramment les défunts, et se pratiquent encore dans certaines tribus, même de nos jours. Malheureusement, les archéologues n'ont aucun moyen de vérifier si les chasseurs du Paléolithique plaçaient leurs morts dans le faîte des arbres, ou les posaient simplement sur le sol dans une construction en bois, en guise de cercueil, ou bien encore sur une planche soutenue par des bâtons en bois, placée en élévation au-dessus du sol. En dehors de la tombe, telle que nous la concevons aujourd'hui, il existait d'autres possibilités de faire dignement ses adieux au

Les ossements d'un garçon néandertalien qu'on trouva dans la grotte de Techik-Tach (Asie centrale, Union Soviétique) sont représentés en noir sur le croquis exécuté pendant les fouilles archéologiques. Pendant les funérailles, on a probablement disposé tout autour des cornes de bouquetins.

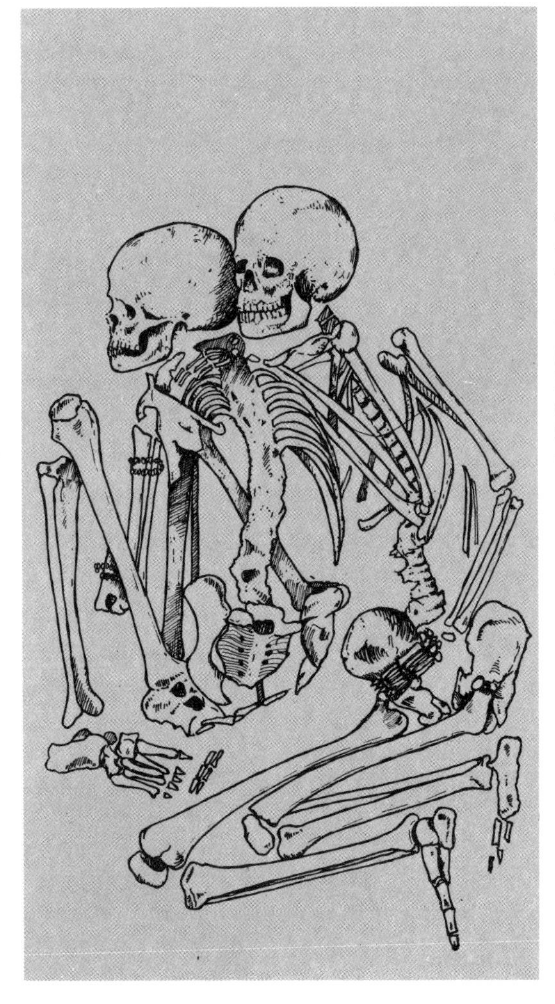

Tombe paléolithique contenant les squelettes d'un jeune homme et d'une vieille femme, découverts dans la Grotte aux Enfants près de Menton, à la frontière franco-italienne.

Cette tombe collective, creusée sur l'emplacement d'une grande hutte qui contenait vingt membres d'une horde de chasseurs du Paléolithique supérieur, représente une découverte pratiquement unique en son genre (Předmostí : Tchécoslovaquie).

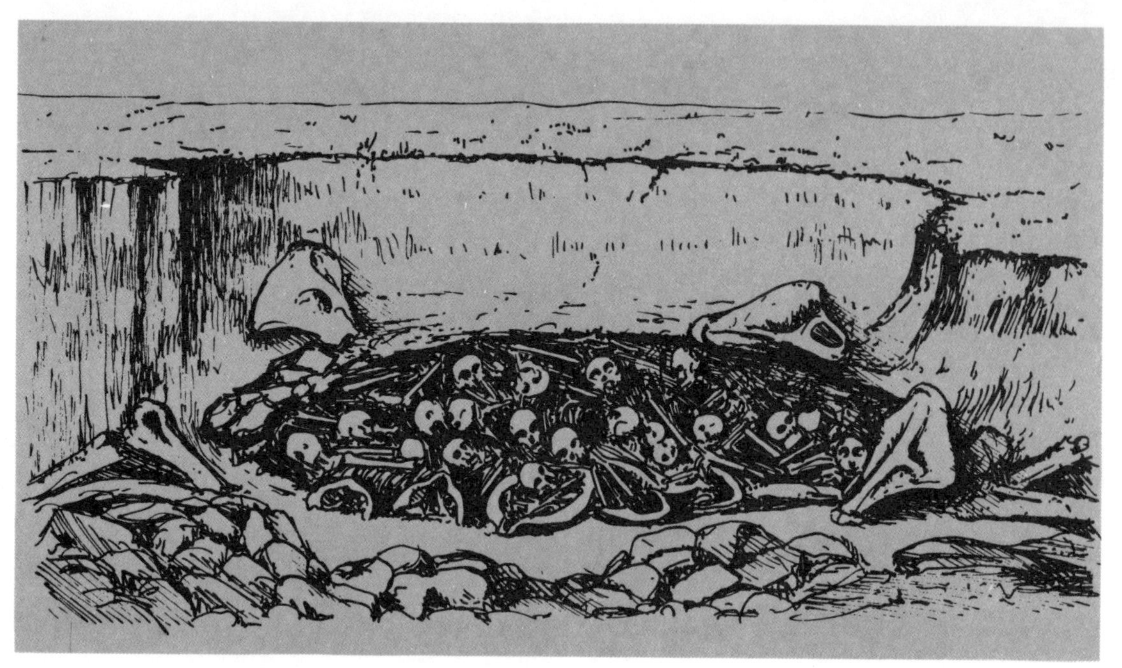

défunt; on allait jusqu'à le manger. Il est d'ailleurs fort possible que les anciennes tombes soient détruites depuis longtemps ou bien qu'on ne les ait pas encore retrouvées. En tout cas, celles que nous connaissons pour le moment sont relativement récentes.

Enterrement d'une femme à Dolní Věstonice (Tchécoslovaquie)

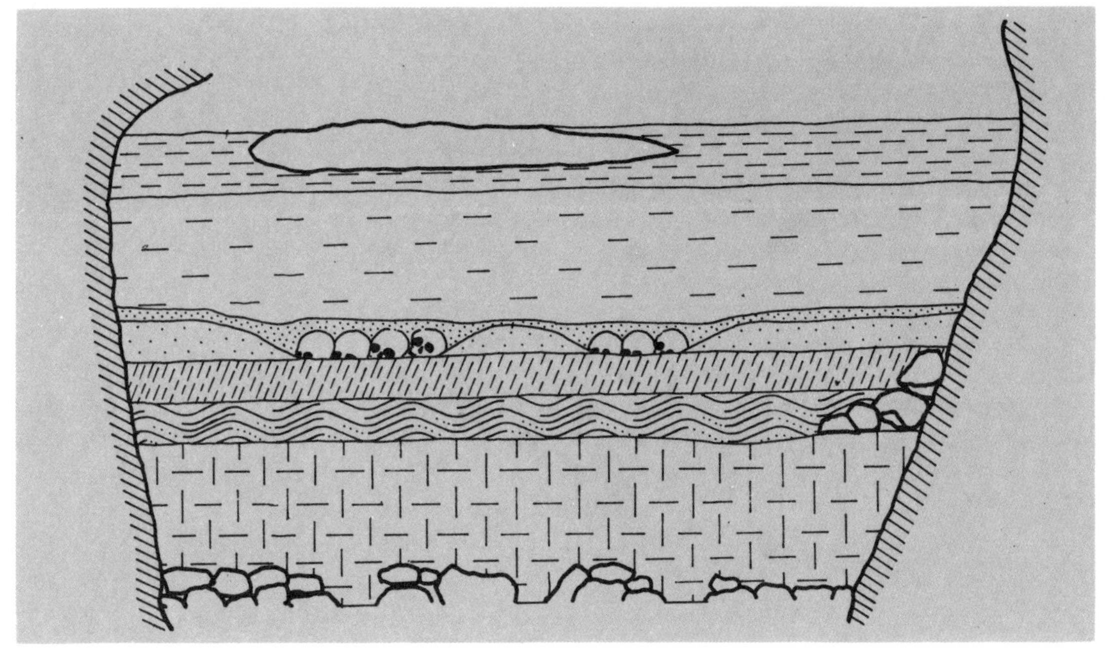

Entre le Paléolithique et le Mésolithique, les habitants de certaines régions de Bavière (RFA), avaient l'habitude de n'enterrer que des crânes. Nous apercevons deux groupes de crânes dans la coupe transversale des couches sédimentaires de la grotte d'Ofnet, près de Nördlingen.

LES RITES FUNÉRAIRES DES NÉANDERTALIENS

L'archéologie moderne ne connaît pas un seul cas de sépulture datant du Paléolithique inférieur. Il est fort probable que l'*Homo Erectus* n'enterrait pas encore ses morts, sans parler de ses prédécesseurs. Il est vrai que les ossements fossilisés de cette époque sont déjà assez fréquents, mais ils ne permettent pas de supposer qu'on les a ensevelis dans les circonstances qu'on pourrait qualifier de rite funéraire. La chose est d'ailleurs compréhensible, car les facultés intellectuelles de ces premiers hommes n'avaient pas encore atteint le niveau nécessaire pour les représentations abstraites.

Les Néandertaliens, par contre, premier type d'*Homo Sapiens,* avaient déjà l'habitude d'enterrer leurs morts et prouvèrent, par la même occasion, que leur vie spirituelle était incomparablement plus riche que celle de leurs ancêtres. D'un autre côté, il est presque sûr qu'ils n'ensevelissaient pas tout le monde, mais certains défunts seulement. Si nous ne tenons pas compte des tombes disparues au fil des années, détruites par des traitements maladroits ou bien non encore découvertes, les trente-six sépultures que livrèrent les seize sites dispersés sur un territoire qui s'étend de la France jusqu'à l'Asie centrale, représentent bien peu de chose en comparaison du nombre de Néandertaliens qui devaient y vivre et mourir pendant quelques dizaines de milliers d'années. Qui plus est, ces tombes ne sont pas disposées régulièrement, une bonne moitié du chiffre total se trouvant dans le Sud-Ouest de la France et dans le Nord de l'État d'Israël.

Ces trente-six tombes nous ont fourni des informations précieuses, mais comment sa-

Les hommes du Paléolithique, plaçaient-ils leurs morts au faîte des arbres?

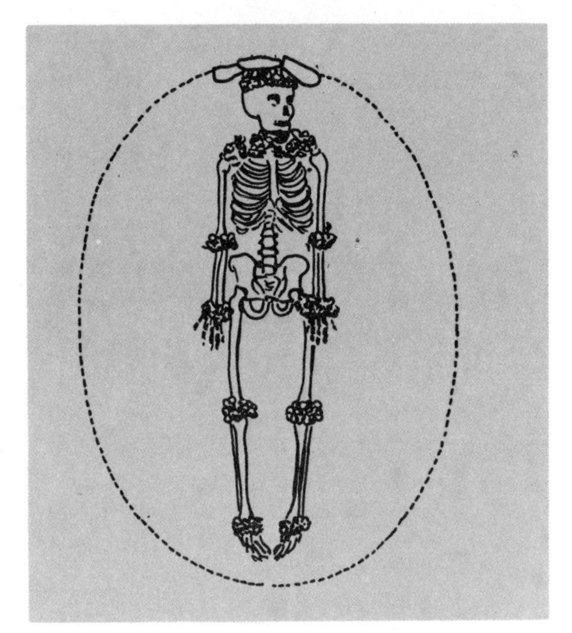

L'enfant, enterré à la fin du Paléolithique dans la grotte de La Madeleine (Périgord), avait de nombreux ornements en coquillages sur la tête, sur les épaules, autour des coudes et des poignets, des genoux et des chevilles. A l'origine, ils devaient être cousus sur un vêtement.

voir si on peut les appliquer à toutes les sépultures de l'Homme du Néandertal? Toujours est-il qu'il existait des différences troublantes entre la façon d'enterrer les morts des Néandertaliens occidentaux (considérés comme une branche qui disparut par la suite) et celle des Orientaux qui dut évoluer jusqu'au Paléolithique supérieur. Les Hommes du Néandertal occidentaux plaçaient, par exemple, dans les tombes des «présents» pour la vie future, des outils en pierre, des objets en os et d'autres, alors que ce n'était pas le cas chez les Néandertaliens de l'Est. Ces derniers, par contre, manifestèrent le respect de leurs morts d'une façon qui n'a pas eu d'égale pendant tout le Paléolithique.

Dans une région montagneuse de l'Irak, au Nord de Bagdad, se trouve une grotte immense, à proximité du village de Shanidar. Dans ses couches rocheuses et argileuses, on a trouvé huit squelettes d'hommes du Néandertal, vieux de quarante à cinquante mille

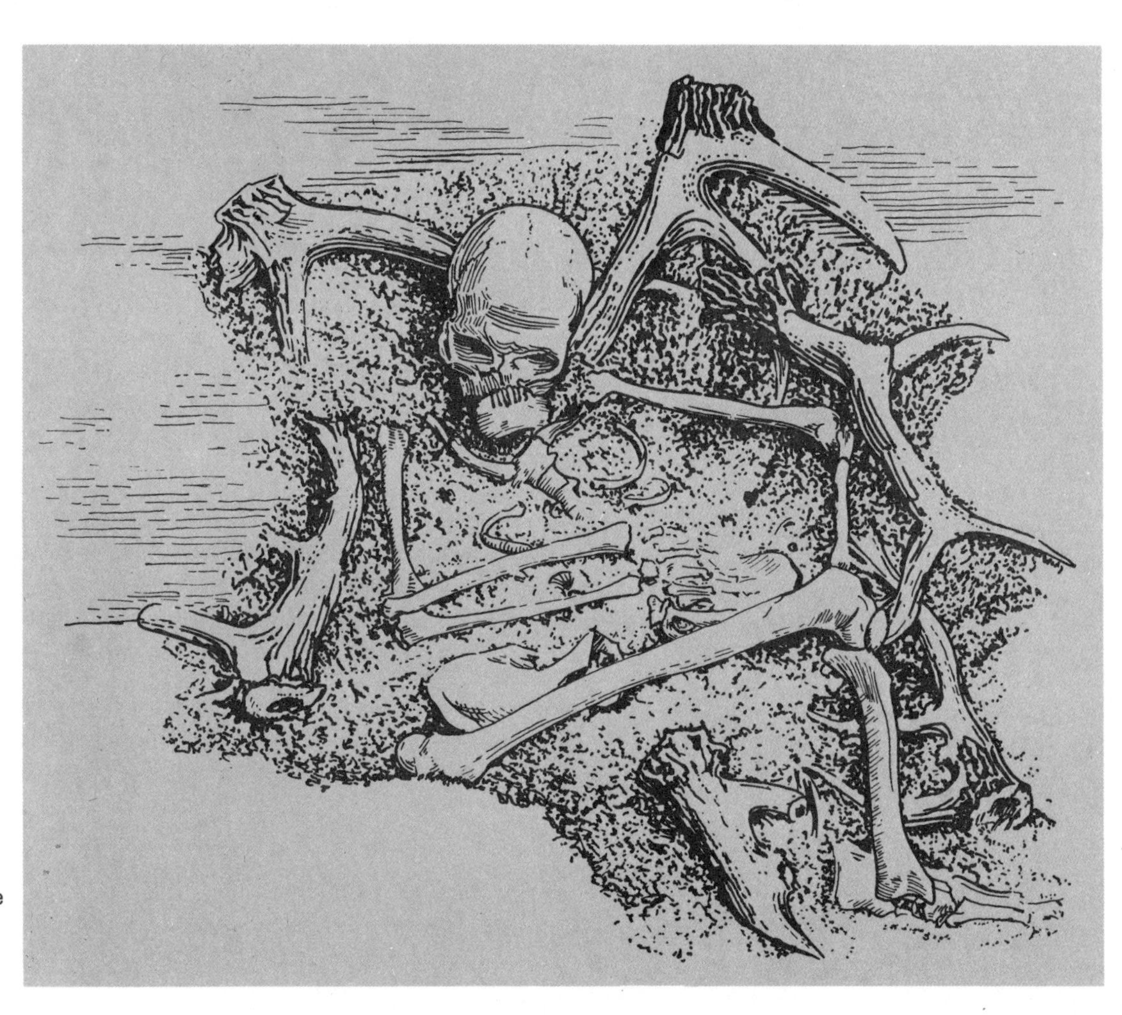

Ce squelette entouré de bois de cerf a été découvert dans un cimetière mésolithique, sur l'île de Hoëdic, en Bretagne.

ans. Certains de ces hommes ont apparemment été tués par les pierres qui se détachèrent du plafond de la grotte, peut-être au cours d'un tremblement de terre, qui sont assez fréquents dans cette région. Mais un de ces squelettes était particulier : il était enterré cérémonieusement et, en analysant le contenu de sa tombe, on a eu la surprise de découvrir des graines de pollen de plusieurs variétés de fleurs dans le sol. Comment expliquer cette trouvaille autrement qu'en supposant que la fosse de la tombe était remplie de fleurs?

Une autre rareté, qui provient du côté opposé du territoire habité jadis par les Néandertaliens, est la découverte de tout un cimetière, l'un des plus anciens du monde. Il se situe dans un abri-sous-roche à La Ferrassie, dans le Sud de la France. On a enseveli dans cet endroit particulier les corps d'un homme, d'une femme et de quelques enfants. L'homme était couché en position légèrement recroquevillée sur les restes d'un foyer, trois grosses pierres étaient posées à côté de sa tête. La femme, plus jeune, était placée dans le prolongement du corps de l'homme, mais leur tête était placée l'une à côté de l'autre. Les enfants étaient ensevelis dans de simples fosses, à l'exception d'un d'entre eux. Dans un endroit situé sous le rocher, il y avait neuf petits monticules en argile. Huit étaient vides, le neuvième contenait le squelette d'un nourrisson et trois outils en silex. Le mystère qui entoure le destin de ces tombes, restera impénétrable à jamais.

ENTERREMENTS DES CHASSEURS DE MAMMOUTHS ET DE RENNES

Nous avons déjà pu nous faire une idée des funérailles des chasseurs de mammouths, grâce à la sépulture de la femme découverte à Dolní Věstonice. Cette femme devait occuper une position exceptionnelle dans la horde, pour être enterrée de la sorte. Ce n'est pas que cette tombe soit tout à fait unique en son genre : des squelettes enterrés sous des omoplates de mammouths ont été découverts à Kostiénki, en Union Soviétique. Et puisque nous sommes en train de parler de l'Est de l'Europe, on ne peut pas ne pas se rendre à l'évidence : les plus belles tombes du Paléolithique se trouvent précisément en cet endroit. N'oublions pas Sungir et la tombe de l'homme aux habits de cérémonie. Une autre sépulture de la même région, suscita cependant autant d'intérêt. En dehors de deux squelettes d'enfants de dix ou douze ans, la sépulture livra de grandes richesses. Curieusement, les corps des enfants étaient placés exactement comme ceux de l'homme et de la femme de la sépulture collective de La Ferrassie : l'un dans le prolongement de l'autre, avec les têtes qui se touchaient.

Cette position devait avoir une signification profonde : en dehors des tombes dans lesquelles nous avons pu l'observer, elle est confirmée par une statuette qu'on a découverte à Gagarine, dans le Sud de la Russie, dans un site de chasseurs de mammouths. Elle représente deux personnages, l'un plus grand que l'autre, tous deux réunis par le haut du crâne.

De même que l'homme au vêtement splendide, les enfants de Sungir devaient jouer, eux aussi, un rôle important dans le monde des chasseurs du Nord de la Russie. Cela donne à réfléchir : apparemment, la société humaine au Paléolithique supérieur était plus complexe qu'il ne semblerait de prime abord. Nous avons déjà décrit le plus

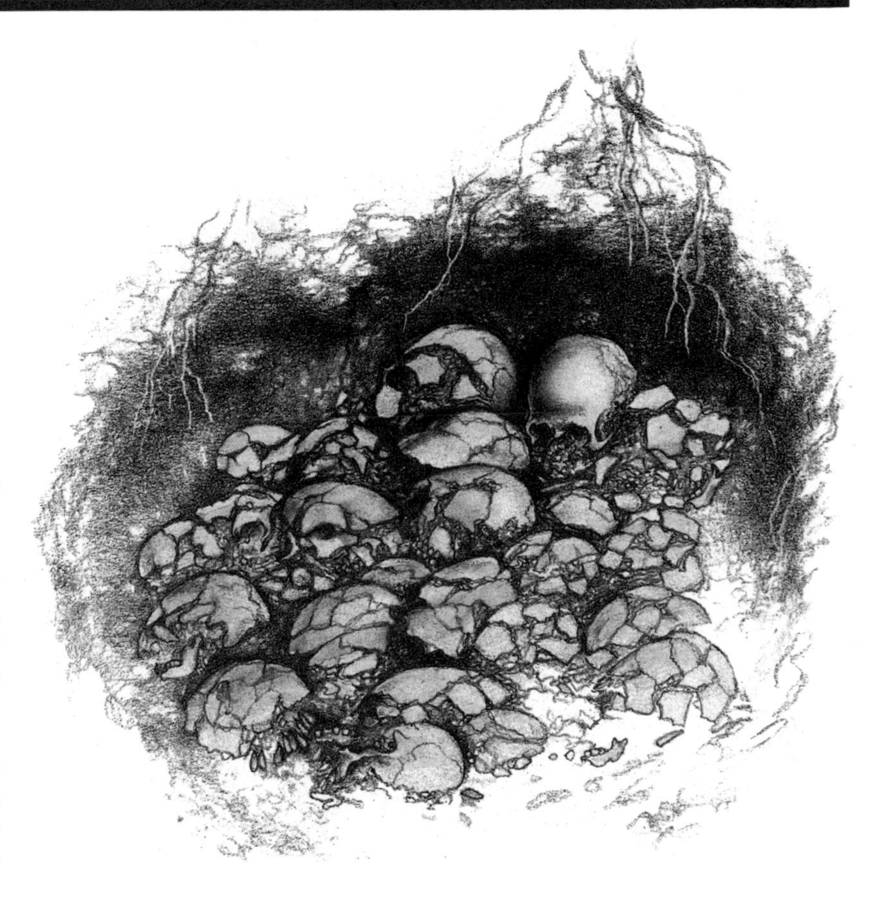

Ensemble de crânes enterrés dans la grotte d'Ofnet (RFA)

bel objet de cette tombe, une grande lance en défense de mammouth redressée. La sépulture recelait, en outre, toute une série d'objets décoratifs en ivoire. Les tombes d'enfants aussi richement équipées ne sont pas rares, comme le prouve celle, découverte à Malta, en Sibérie. Elle livra, avec un petit squelette, cent vingt perles rondes et plates, un bracelet, ainsi que sept pendentifs, le tout en ivoire.

Il apparaît, au regard de tout ce que nous venons de dire, qu'au Paléolithique supérieur, les hommes n'avaient pas qu'une manière d'enterrer leurs morts. Les tombes que nous connaissons pour le moment sont relativement variées et bien plus nombreuses que celles des Néandertaliens : on en a trouvé 96 dans 41 sites différents. La plupart du temps, elles contiennent un squelette; la sépulture collective à Předmostí-u-Přerova, site paléolithique en Moravie, est l'exception qui confirme la règle : dans une fosse ovale dont le diamètre le plus long atteignait 4 mètres et dont le fond était pavé de pierres (c'était peut-être à l'origine une hutte au sol creusé) était réunie une vingtaine de squelettes d'individus, adultes pour la plupart d'entre eux. Les squelettes étaient recouverts d'une couche de pierres et d'omoplates de mammouths. Cette tombe est unique au monde. Tout tend à prouver que ces gens sont morts au même moment ou presque. C'était peut-être une horde frappée par une épidémie, au point que presque tous ses membres moururent. Certains durent tout de même survivre pour enterrer les autres, peut-être directement dans leur propre habitation. Les survivants étaient assurément rares, car le nombre des membres de la horde ne devait pas dépasser de beaucoup celui des défunts.

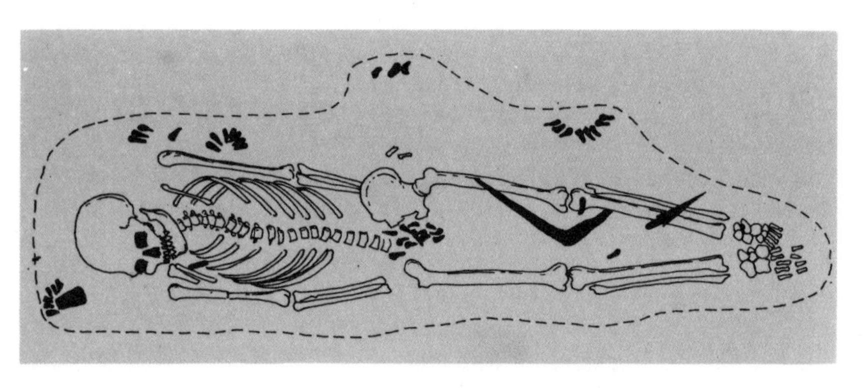

En Europe orientale, on rencontre le plus souvent des cimetières mésolithiques. Dans l'un d'entre eux (Zveinieki : Lettonie, Union Soviétique), on a découvert cette tombe de femme qui contenait également un poignard en os, une pointe de lance en os (qui se trouvait à coté de sa jambe gauche), une hachette en pierre à côté de la tête) et de nombreux ornements en dents d'animaux.

La tombe de Předmostí est la conséquence d'un événement exceptionnel; pour cela elle ne nous fournit pas beaucoup d'éléments sur les rites funéraires habituels du Paléolithique supérieur. Les tombes individuelles sont, en ce sens, plus instructives. Elles sont éparpillées à travers le monde habité de cette époque, depuis le Sud-Ouest de la France, en passant par la Moravie et les plaines de l'Est européen, jusqu'au Kamtchatka. Que nous apprennent-elles?

A l'époque du Paléolithique supérieur, deux tiers d'individus enterrés étaient des hommes, un tiers seulement des femmes. Par contre, alors que les Néandertaliens ne plaçaient des présents et des objets que dans les sépultures des hommes, au Paléolithique supérieur on ne faisait plus de différence entre les hommes et les femmes. Comme nous avons pu le constater, le contenu riche ou pauvre de la sépulture témoignait du statut social du défunt, ou des privilèges dont il jouissait au sein de la horde. Les trésors qu'abritaient les sépultures de Sungir sont tout de même exceptionnels. Mais, dans la plupart des tombes de cette époque, on a toutes les chances de trouver quelque ornement ou instrument en pierre.

Le plus souvent, les corps étaient ensevelis en position recroquevillée, couchés sur le côté. Dans le site de Kostiénki, nous connaissons un cas, où le mort était ligoté dans cette position et placé, assis, dans une niche, faite de grands os de mammouth.

Si nous réfléchissons un instant sur ce qui a été dit jusqu'à présent, nous réalisons une chose importante : tous ces morts que le sol livra lors des fouilles archéologiques, étaient ensevelis dans la terre et recouverts par une couche de terre pour que les animaux sauvages ne puissent pas s'en approcher et, qui sait, peut-être aussi pour que leur corps reste entier pour la vie future. Peu de temps après le début du Néolithique, les premiers agriculteurs procédaient à l'incinération du cadavre, seconde façon préhistorique d'enterrer les morts. Mais à l'époque du Paléolithique et du Mésolithique, rien de tel n'existait encore. La seule exception que nous connaissions est la découverte, assez récente, d'une tombe dans le site de Lake Mungo en Australie : on a eu la surprise de trouver un corps incinéré, les os restants ayant été concassés et le tout versé dans une petite cavité, creusée dans le sol. On procéda à ces funérailles, il y a de cela presque trente mille ans, peu de temps avant que les chasseurs de mammouths de Dolní Věstonice ne mettent en terre et ne recouvrent d'une omoplate de mammouth cette petite femme fragile qui devait occuper un rang élevé au sein du clan pour bénéficier de ce traitement de faveur.

Il existait encore un autre rite funéraire (parmi ceux que l'archéologie a su déterminer) qui est très curieux. Il date de la fin du Paléolithique et on a trouvé ses traces dans quelques grottes du Sud de l'Allemagne, surtout dans la caverne d'Ofnet, près de Nördlingen. Le sol de cette grotte livra deux cavités dont l'une contenait vingt-sept crânes humains, l'autre six. Les têtes ont probablement été détachées du corps à l'aide de couteaux en pierre, comme le montrent les restes des vertèbres cervicales. On a répandu de l'argile rouge sur certaines d'entre elles. Les crânes étaient placés dans cet endroit au fur et à mesure, et les scientifiques n'arrivent pas à se mettre d'accord sur leur raison d'être : s'agissait-il des victimes d'un groupe de chasseurs de têtes préhistoriques, ou du cimetière tribal d'une horde qui, pour des raisons inconnues, n'enterrait que la tête du défunt? Il n'y aurait rien d'étonnant à cela, car le sentiment de respect que l'homme éprouve vis-à-vis de la tête, siège de l'esprit et de la vie, est très ancien. Le crâne enterré rituellement, au milieu d'un cercle de grosses pierres, dans la grotte Guattari, aux alentours de Rome, provient de l'époque des Néandertaliens ; le crâne d'*Homo Erectus* qu'on a la chance de trouver de temps à autre, a pu, après tout, se conserver pour les mêmes raisons. Les chances sont bien minces qu'un squelette se conserve, si on a abandonné le corps dans la nature, sans le protéger des animaux et des intempéries. Par conséquent, la meilleure explication de l'existence des crânes isolés est que quelqu'un les a enterrés ou recouverts de terre et de pierres.

Il va de soi que les archéologues n'explorent pas les sépultures par goût du bizarre ou du morbide. Elles représentent aux yeux de la science une source inépuisable de renseignements. Elles nous instruisent sur l'aspect physique de l'homme au cours des âges, sur son espérance de vie (à l'époque des chasseurs de mammouths, par exemple, l'âge moyen était de trente ans et on atteignait rarement cinquante ans), sur les maladies dont il souffrait.

Les tombes nous apportent également des renseignements sur le rang que l'homme occupait dans la société et sur sa conception de la mort. A partir des objets trouvés, nous pouvons déterminer le niveau de culture et le degré de perfectionnement de l'outillage de chaque époque. Plus on remonte dans le temps, plus les tombes sont rares, mais aussi plus elles sont précieuses pour témoigner de l'histoire de l'humanité la plus ancienne.

Squelette d'homme, découvert dans la grotte de Cavillon près de Menton.

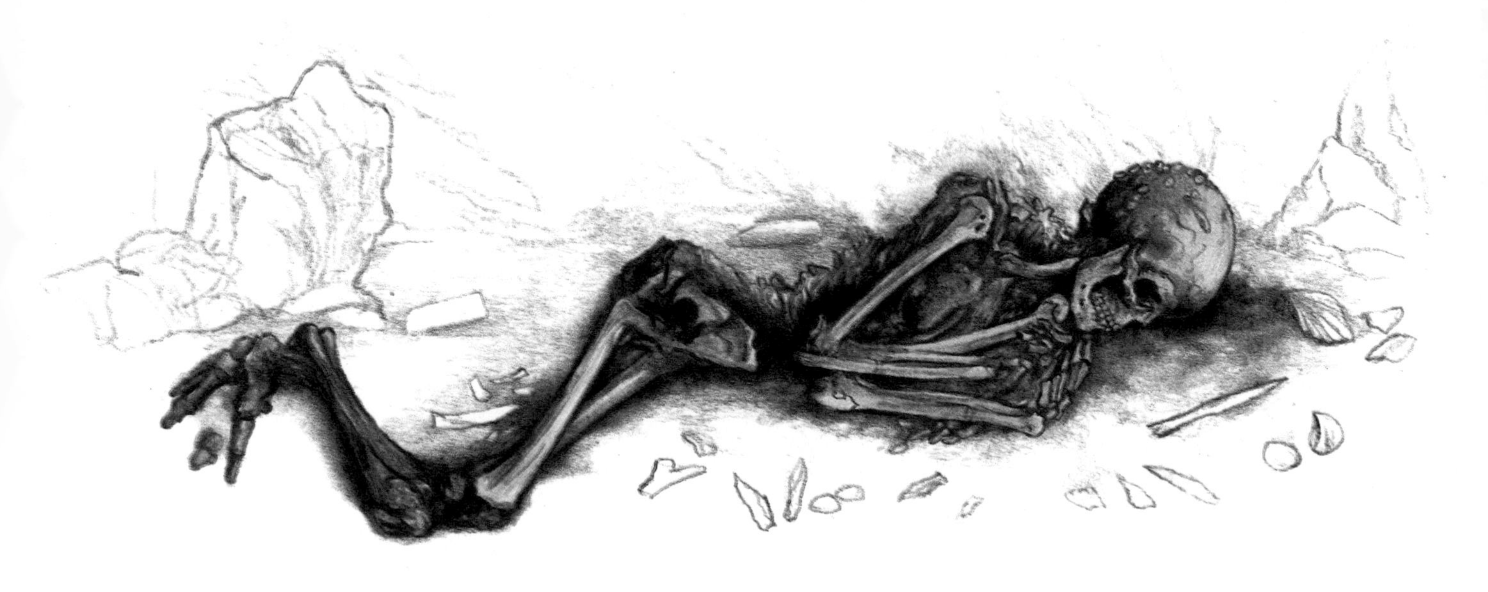

LA PEINTURE

Nous, les hommes du XXe siècle, n'arrivons même plus à concevoir à quel point nos ancêtres du Paléolithique étaient près de la nature. Il vivaient en profonde communion avec elle, ressentaient son influence sur leur vie. Depuis leur plus tendre enfance, ils apprenaient des adultes à la connaître, à profiter de ses dons, et à éviter les dangers qu'elle recelait. Ils connaissaient bien tout ce qu'ils pouvaient voir, toucher, entendre, goûter et sentir dans le milieu ambiant, mais ils étaient loin de tout comprendre. L'alternance des saisons ne les troublait pas encore, bien que toute leur existence, les migrations du gibier, la construction des abris, aient dépendu directement de ce cycle naturel. Ils surent reconnaître le danger que représentaient les animaux sauvages et apprirent à s'en défendre. Mais l'orage, l'éclair et la foudre, l'incendie de la forêt, l'inondation, étaient pour eux des phénomènes mystérieux et inexplicables qui les emplissaient de crainte, car ils ne surent pas les comprendre, et les affronter dépassait leurs forces. De la

peur et du sentiment d'impuissance naquit le respect des forces inconnues et indomptables qui régissaient leur vie ou leur mort et, en se développant, cette crainte devint la première forme de religion.

De même qu'aujourd'hui, au Paléolithique, les hommes étaient différents les uns des autres; certains individus brillaient par leur intelligence, leur sensibilité, leur habileté... Ceux-ci surent représenter ce qu'ils voyaient dans la nature et ce qu'ils ressentaient. C'est à ces artistes que nous devons les premiers chefs-d'œuvre de l'humanité. Pendant des millénaires, ils sont restés cachés aux regards des hommes. Ce n'est qu'au XIXe siècle que les archéologues les découvrirent et admirent leur âge après des polémiques interminables. A partir de ce moment, le monde n'a pas cessé d'admirer l'art des chasseurs du Paléolithique. Pendant très longtemps, on a cru que ces magnifiques peintures rupestres étaient les toutes premières œuvres d'art pictural au monde et que rien ne les avait précédées; comme si l'homme s'était mis un beau jour à la peinture, sans aucune préparation et avec un art consommé. Mais ce n'était pas si simple.

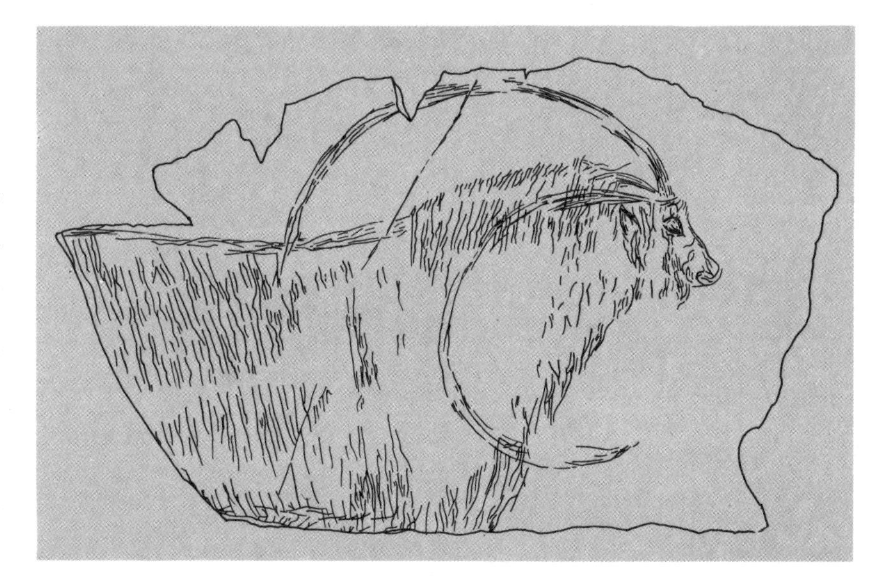

Gravure représentant un bouquetin, réalisée sur une plaquette de schiste (Grotte Děravá : Bohême centrale, Tchécoslovaquie).

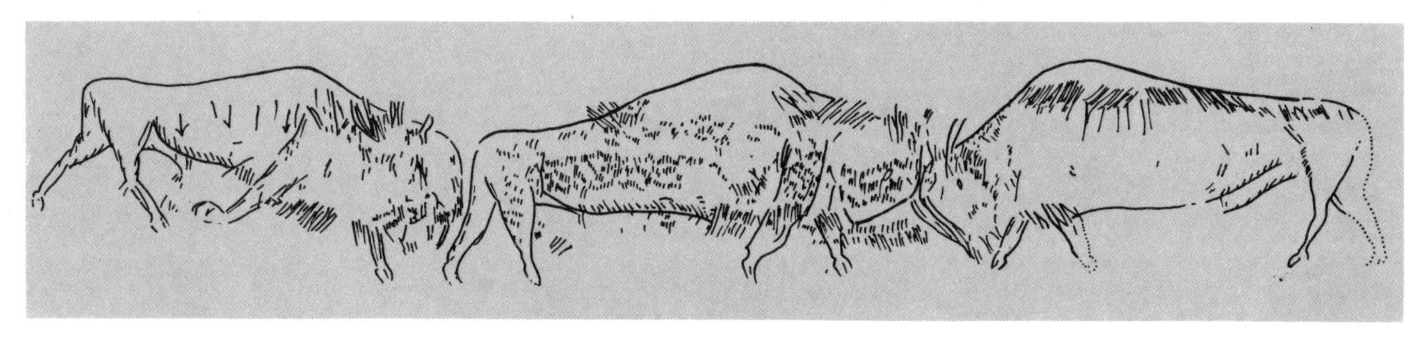

Combat de bisons. Cette scène, gravée dans une côte de cheval sauvage, date de la fin du Paléolithique supérieur (Grotte Pekárna : Moravie, Tchécoslovaquie).

LES PREMIERS TABLEAUX

Aujourd'hui, on est à peu près sûr que l'art de peindre a subi une longue évolution depuis les premières tentatives jusqu'à l'apogée, telle que nous pouvons l'admirer sur les parois des grottes françaises ou espagnoles. Malheureusement, nous ignorons à quoi ressemblaient les premiers dessins des Paléolithiques, car le dessin est, sans aucun doute, plus ancien que la peinture, et à quelle époque il faut remonter pour déterminer leurs origines. Ils devaient être tout simples. Les dessins, faits au doigt dans le sable, n'avaient, évidemment, aucune chance de se conserver. Mais, malgré tout, nous connaissons des cas où de simples lignes, tracées par les doigts, se sont conservées dans la glaise molle, aux pieds des parois rupestres ou sur le sol des couloirs souterrains. Peut-être qu'au début, l'homme ne faisait que s'amuser; il voulait probablement imiter les traces que l'ours laissait sur la pierre en aiguisant ses griffes. L'homme pouvait imiter ainsi toutes sortes de comportements d'animaux, observés dans la nature, sans poursuivre un but précis. Mais il s'est ainsi «fait la main» et a appris à représenter des formes et des contours, premier pas vers une expression artistique. Le chemin qui lui restait à parcourir était encore très long, même si nous ne connaissons aucune manifestation artistique venant des premières formes humaines, ni même des Néandertaliens. Les premières tentatives artistiques datent du Paléolithique supérieur, et sont l'œuvre d'hommes peu différents de l'homme d'aujourd'hui.

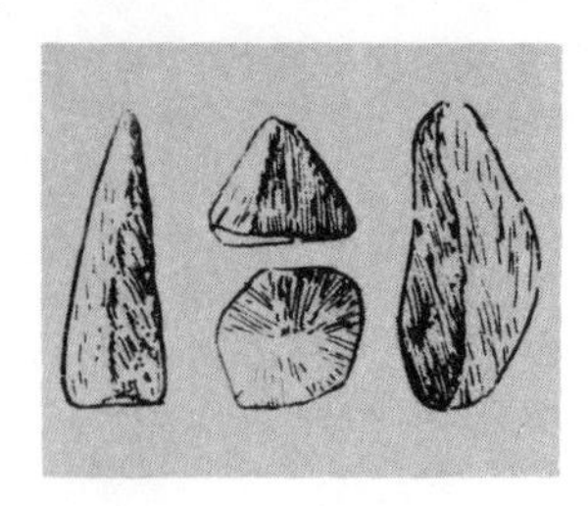

Des morceaux de roche rouge et ocre qui proviennent d'un abri-sous-roche, à Laugerie-Haute (Périgord) portent des traces d'usure mécanique. On a dû les râper pour obtenir la poudre qui servait à fabriquer la peinture, et qu'on répandait aussi telle quelle sur le corps des morts.

Il n'est pas aisé de déterminer si les traits tracés sur les parois rupestres ou bien sur les os et les pierres trouvés dans les sites des chasseurs, étaient œuvres du hasard, ou bien s'ils étaient gravés intentionnellement; s'ils étaient créés par l'homme, s'il s'agissait des traces des griffes ou des dents d'animaux, ou bien encore, si leur surface avait été rayée par une autre action mécanique.

D'autre part, plusieurs dessins purent être exécutés sur des objets périssables qui ont disparu depuis longtemps, tels le bois, la peau, l'écorce des arbres, les feuilles, etc. On a trouvé des restes d'argile rouge qui servait de teinture à Olduvaï, en Afrique, ce qui signifie qu'ils seraient vieux d'un million et demi d'années. D'autres découvertes permettent de conclure que l'*Homo Erectus* et l'Homme de Néandertal utilisaient déjà cette peinture d'une façon ou d'une autre. Peut-être dessinaient-ils sur leur propre corps ou décoraient-ils ainsi les objets en cuir et en bois : tout cela stimulait le développement de la peinture.

Des fragments dérisoires de ces objets d'art sont parvenus jusqu'à nous et, parmi eux, une infime partie seulement jusqu'aux mains des connaisseurs qui examinent attentivement le moindre détail de ces vestiges. Grâce à eux, nous sommes maintenant en mesure de décrire quelques objets qui, à première vue, peuvent sembler tout à fait insi-

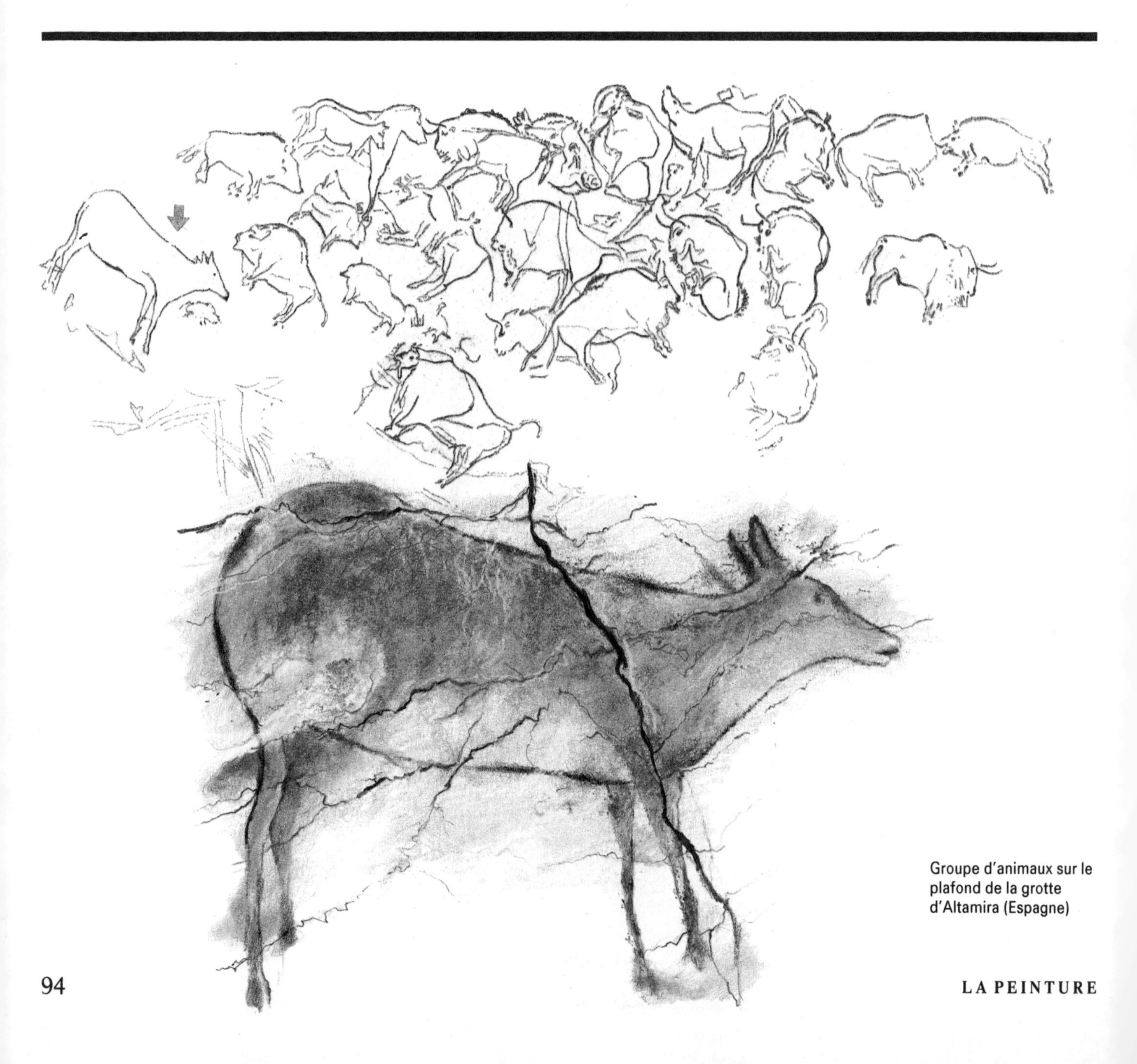

Groupe d'animaux sur le plafond de la grotte d'Altamira (Espagne)

gnifiants, mais qui sont, pour le moment, les plus anciennes tentatives de dessin. En ce qui concerne le dessin, ou plutôt la gravure, elle peut être facilement confondue avec les traits que le couteau laissait sur l'os en découpant la viande, ou bien quand l'os était utilisé comme outil de travail. Mais les six entailles parallèles qui existent sur l'objet découvert dans le site Stránská Skála, près de Brno, en Tchécoslovaquie, ne peuvent pas être confondues avec des traces dues au hasard. Visiblement, elles ont été faites intentionnellement. L'objet en question est une vertèbre de queue d'éléphant qui date de la période interglaciaire cromer, c'est-à-dire de trois quarts de million d'années. De l'avant-dernière période interglaciaire, donc de centaines de milliers d'années plus tard, provient l'éclat d'un os d'éléphant, marqué de dix longs traits, espacés régulièrement. On l'a découvert à Bilzingsleben, en RDA. Celui qui n'est pas convaincu que dix lignes parallèles expriment déjà un certain degré de sensibilité esthétique et le sens du beau, sera sûrement satisfait en voyant la côte d'un animal qui porte une ligne ondulée gravée. Elle date des débuts de l'avant-dernière glaciation et on l'a trouvée dans la grotte du Pech de l'Azé, en Dordogne.

Peut-être existait-il, à la même époque également, des peintures sur os, mais tout simplement, on n'a pas eu la chance d'en trouver pour l'instant. Ainsi, l'objet portant des traces de peinture rouge le plus ancien que nous connaissions, est une plaquette polie, taillée dans une molaire de mammouth. On l'a trouvé dans le site de Tata, près de Budapest, et on suppose que ses propriétaires qui vivaient au début de la dernière glaciation, l'utilisaient comme objet cultuel au cours de leurs rites.

Ces tentatives donnèrent naissance à l'art du dessin et de la peinture dont le créateur était l'*Homo Sapiens* du Paléolithique supérieur au cours de la seconde moitié de la dernière glaciation. Nous avons beau savoir que l'art préhistorique n'est pas apparu d'un seul coup, sans préliminaire, il faut avouer, qu'à première vue, il représente toutes les apparences de la soudaineté. Ceci est particulièrement vrai pour les peintures superbes des grottes du Sud de la France et du Nord de l'Espagne. Ces créations apparurent aussi soudainement qu'elles disparurent : on peut se demander, en effet, pourquoi les hommes

Gravure rupestre représentant un ours (Les Combarelles : Périgord).

La variété de styles artistiques du Paléolithique supérieur est confirmée par deux conceptions totalement différentes du même sujet : le cheval sauvage au galop (en haut, La Paloma : Espagne; en bas, Altamira : Espagne).

Les artistes paléolithiques préféraient peindre les animaux de profil; l'une des rares représentations de face est celle des lions, découverte dans la grotte des Trois Frères, dans les Pyrénées françaises.

se mirent, tout d'un coup, à couvrir les parois des grottes de chefs-d'œuvre, et pourquoi ils s'arrêtèrent de le faire, après quelques millénaires de création intense? La Préhistoire recèle encore bien des mystères, surtout si nous nous engageons sur les chemins pleins d'imprévus de l'évolution et des mutations de la pensée humaine.

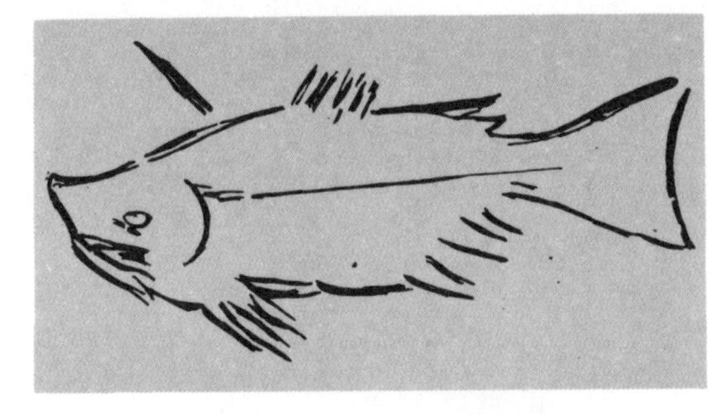

Cette gravure est l'une des rares représentations de poisson due à l'art paléolithique (Niaux : Ariège).

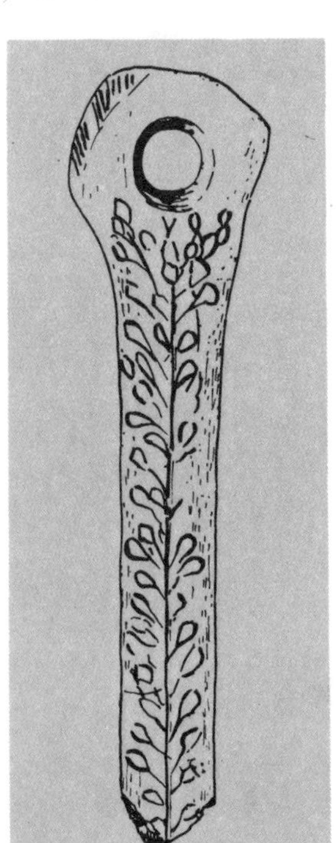

La gravure de ce bâton de commandement représente probablement une plante stylisée (Laugerie-Basse : Périgord).

Ce groupe d'animaux de Lascaux (Périgord), composé de chevaux sauvages et d'un bison, mesure en tout 4,5 metrès.

LA THÉMATIQUE DES DESSINS, PEINTURES ET GRAVURES

Il est en vérité bien plus facile d'écrire des centaines de pages sur l'art des chasseurs du Paléolithique supérieur (et, effectivement, c'est déjà fait) plutôt que d'en retracer le panorama en quelques lignes. C'est un art très varié aussi bien en ce qui concerne sa technique, l'emplacement de ses œuvres, que le choix de ses sujets et leur traduction picturale qui s'étend de la représentation réaliste des modèles naturels jusqu'aux dessins abstraits qui feraient honneur à n'importe quel artiste contemporain.

On en trouve aussi bien sur des objets utilisés dans la vie de tous les jours ou pendant des cérémonies, que sur les parois des salles des cavernes, loin de la lumière du jour. Ceci est déjà une preuve en soi que les modèles des artistes n'étaient pas tous les mêmes. Dans les sites, on décorait de sculptures ou de gravures les outils et les armes en os. Ce décor englobait tous les motifs, depuis les plus simples, abstraits ou géométriques jusqu'aux représentations d'animaux très réalistes. Les os qui portent de courtes entailles forment un groupe à part : il n' y a pas très longtemps, on les prenait pour un motif décoratif. Aujourd'hui, on est enclin à croire que ces traits servaient à compter ou bien que c'était une sorte de calendrier primitif. L'objet décoré pouvait exister uniquement pour le plaisir de son propriétaire, mais avait sans doute une signification plus profonde que nous ignorons. Ces dessins pouvaient représenter une force magique aux yeux de l'homme du Paléolithique qui croyait qu'elle allait lui assurer une chasse fructueuse, ou le protéger des puissances maléfiques et du danger.

Une pierre plate ou une plaquette d'os décorées, par exemple, d'un mammouth ou d'un bouquetin gravés, n'étaient, en toute logique, d'aucune utilité pratique. Il est peu probable que l'homme se serait donné tant de mal dans le seul but de faire passer le temps, ou pour embellir l'intérieur de sa hutte. Avec un peu d'imagination, on peut voir dans le trait qui traverse le corps d'un bouquetin, gravé sur une plaquette de schiste, un javelot transperçant l'animal. On a découvert cette gravure dans la grotte Děravá, en Tchécoslovaquie. Il est fort probable que ces objets d'art étaient en même temps des

Gravure de deux élans sur le rocher surplombant le fleuve Dransselva (Norvège)

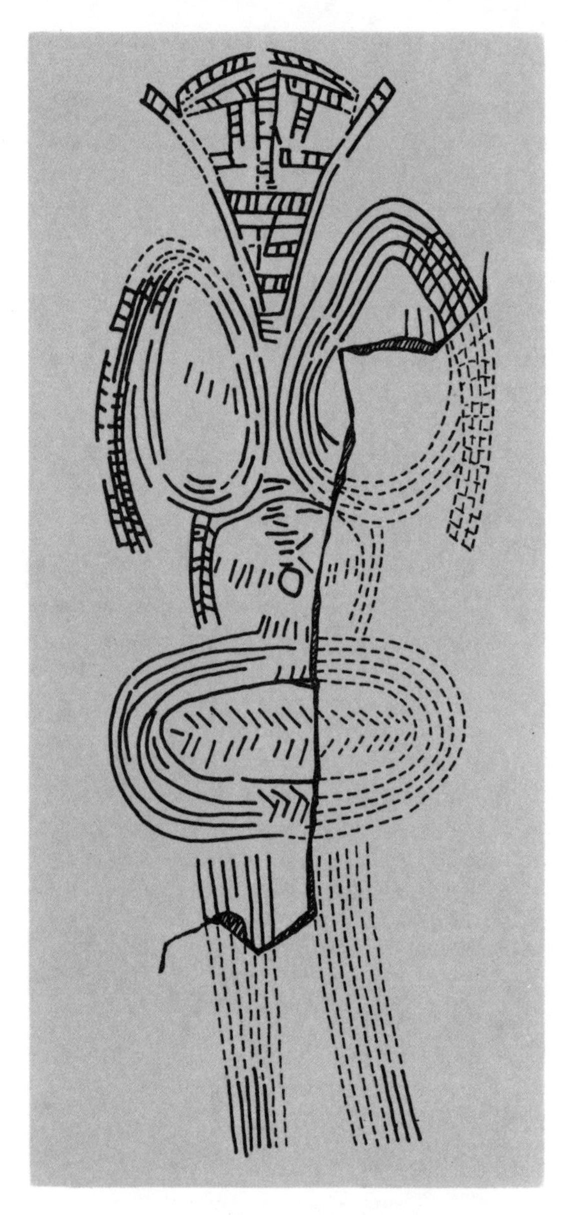

Cette représentation très stylisée du corps de la femme a été gravée dans une défense de mammouth, trouvée à Předmostí, en Moravie (Tchécoslovaquie).

objets cultuels et que les chasseurs les utilisaient dans leurs pratiques pendant leurs cérémonies rituelles.

Certains peuples, encore de nos jours, dessinent ou modèlent un homme, un animal, en croyant que tout ce qu'ils vont faire au dessin ou à la statuette arrivera à cet être vivant qu'ils sont censés représenter.

Des dessins sur les pierres ou sur les os, aux peintures sur les plafonds ou sur les parois des grottes, il n'y a plus qu'un pas. C'est ce que les artistes du Paléolithique créèrent de plus beau. Jusqu'à aujourd'hui, on a repéré à peu près deux cents grottes, décorées de peintures, dont la majeure partie se trouve dans le Sud-Ouest européen. Une des rares exceptions est la grotte de Kapova dans l'Oural, à la frontière de l'Europe et de l'Asie. Certaines, les plus célèbres, comme par exemple Altamira, Lascaux, Rouffignac, Font-de-Gaume, abritent plusieurs centaines de peintures; d'autres, comme la grotte de la Grèze, ne sont décorées que d'une seule peinture qui, en l'occurrence, représente un bison magnifique. Ces chefs-d'œuvre sont soit gravés, soit peints. Pour graver, on utilisait des burins en pierre dont on a trouvé toute une série, par exemple, à Lascaux, pendant l'exploration de la grotte. On peignait avec des pinceaux en poils d'animaux ou avec des branchettes effilochées, ou tout simplement avec un doigt. Quant aux couleurs, on s'en procurait dans la nature : la craie pour la peinture blanche, la suie ou les composés du manganèse pour le noir, l'argile ocreuse ou rouge pour tous les tons de rouge, de jaune ou de marron. Le bleu et le vert ne sont pas des colorants naturels et c'est pour cela que l'on n'en voit jamais sur les peintures rupestres.

Les peintures et les gravures dans les grottes n'étaient sûrement pas un simple décor. L'artiste devait emprunter des couloirs souterrains, longs parfois de plusieurs kilomètres avant d'atteindre des salles, où il peignait dans le silence, le froid et l'obscurité. Ces espaces souterrains devaient agir fortement sur l'imagination des hommes préhistoriques et avaient, à leurs yeux, une importance toute particulière. Les couloirs et les salles décorés de peintures étaient leurs sanctuaires où se déroulaient leurs cérémonies, loin de la vie de tous les jours. C'est là que les hommes entraient en communication avec les puissances occultes de la nature en leur demandant le succès à la chasse, l'abondance du gibier qui signifiait l'abondance de la nourriture, la sauvegarde de la tribu, sa protection, et l'accroissement du nombre de bons chasseurs, courageux, robustes et habiles. C'est ainsi que nous l'imaginons à partir de ce que nous avons déjà appris sur la vie et sur la vision du monde des chasseurs du Paléolithique, ainsi que sur leur création artistique. Mais nous n'avons aucune certitude absolue concernant ces choses et nous ne l'aurons probablement jamais.

Par contre, nous avons une idée de la manière dont l'homme transforma peu à peu ces galeries souterraines en galeries d'art. Ceux qui étaient réceptifs à la beauté des

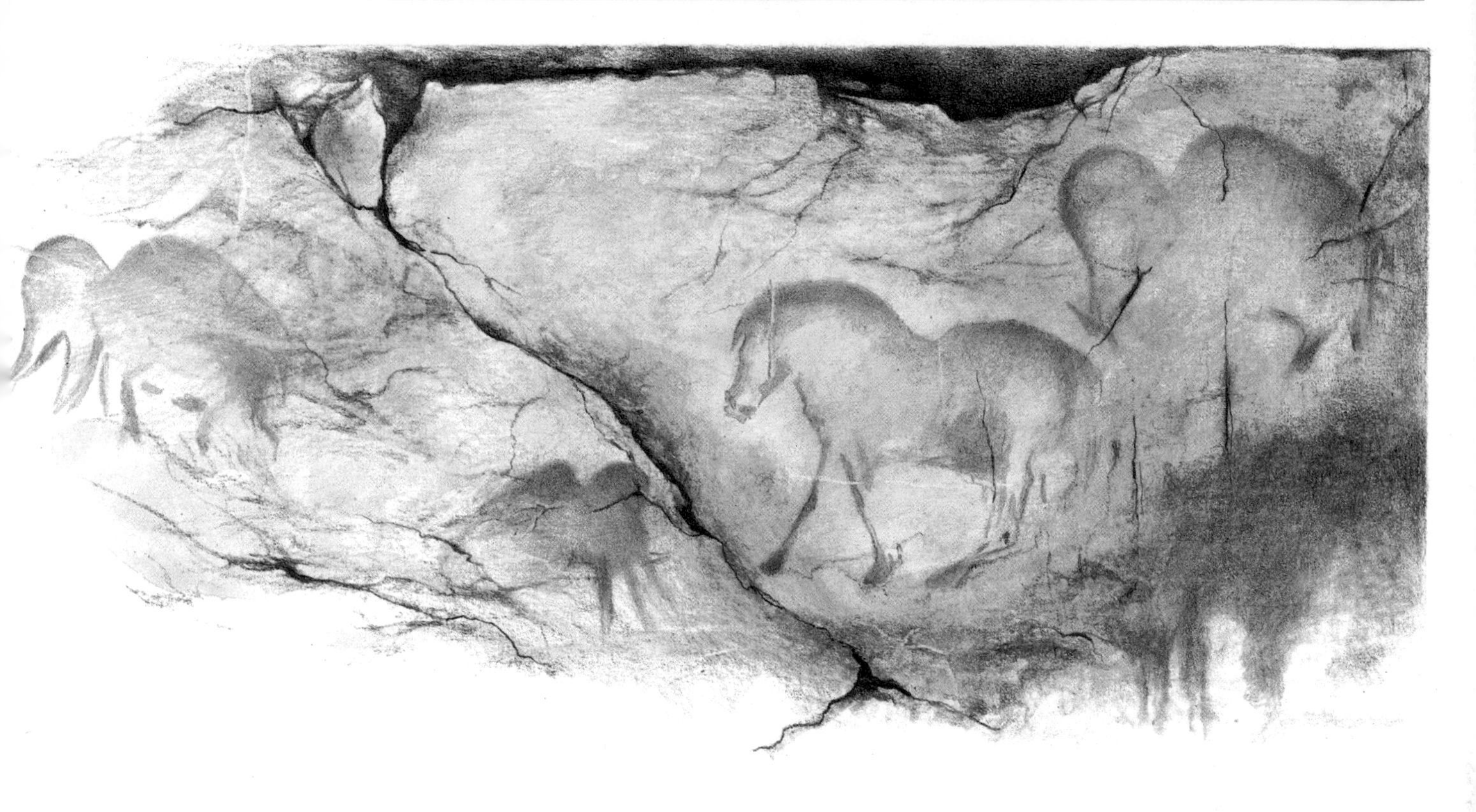

Peinture rupestre représentant des animaux (grotte de Kapova : Union Soviétique)

lignes et à l'harmonie des couleurs, ne pouvaient pas rester insensibles devant le spectacle des parois rupestres éclairées par la lumière tremblotante des torches. Qui pourrait d'ailleurs rester indifférent aux jeux d'ombre et de lumière qui faisaient surgir des formes bizarres sur les parois bosselées des cavernes? Ces contours pouvaient en rappeler d'autres aux chasseurs préhistoriques ceux, par exemple, des animaux qui leur étaient familiers. Cela leur donna peut-être l'idée de réaliser quelques dessins eux-mêmes. Au début, ces tentatives étaient très simples : on a découvert, dans les grottes de Cabrerets et de Rouffignac des traits de doigts dans la glaise tendre. Ailleurs encore, des lignes gravées très simples.

De remarquables représentations de mains en négatif font partie du «décor» rupestre le plus ancien. Leurs créateurs procédaient de la manière suivante : ils posaient une main sur le rocher et peignaient tout autour. On se demande, d'ailleurs, comment ils faisaient. Répandaient-ils la peinture liquide (rouge ou noire) en soufflant dans un tuyau contre la paroi? Saupoudraient-ils la pierre humide de peinture en poudre à l'aide d'un pinceau? Nous ne saurions le dire. La grotte la plus célèbre décorée avec des empreintes de mains (on en trouve plus de deux cents) est celle de Gargas, dans les Pyrénées françaises. Les mains qui représentent le plus d'intérêt aux yeux des scientifiques sont celles auxquelles il manque un doigt ou une phalange. Le grand nombre d'empreintes signifie qu'il ne s'agissait pas d'un simple jeu, ou du souci d'imiter des tra-

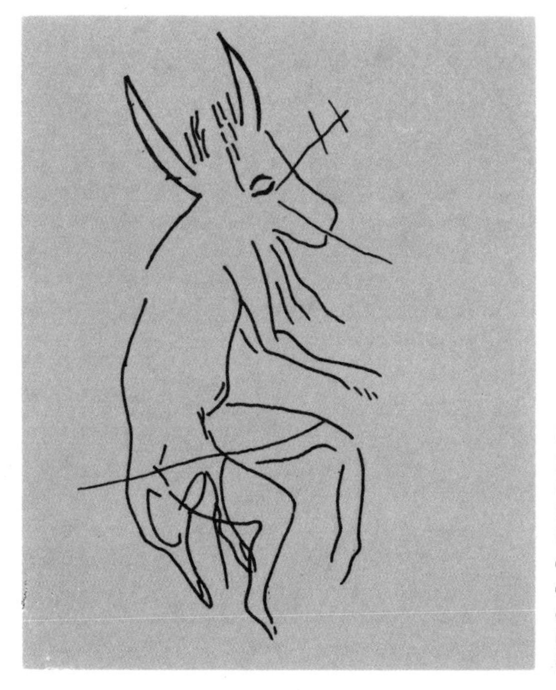

Les êtres humains dans l'art paléolithique sont souvent dotés d'attributs animaux dont le sens n'est pas manifeste. On ignore s'il s'agit de divinités, de chamans vêtus d'un habit de cérémonie ou de chasseurs déguisés pour tromper le gibier (gravure rupestre, grotte de Gabillou : France).

Fragment d'une très belle gravure représentant des rennes et des poissons qui s'est conservée sur un objet en os. L'artiste voulait peut-être représenter un troupeau de rennes traversant la rivière (Lortet : France).

ces d'animaux, comme on le pensait parfois, mais bien d'une intention dont le sens profond nous échappe.

Ces mains ne sont pas vraiment des peintures à proprement parler. De vraies peintures ou gravures proviennent des différentes périodes du Paléolithique supérieur et surtout de la toute dernière (l'âge de la plus importante «galerie», celle de Lascaux, a été évalué par des méthodes modernes à quinze mille ans). Ces œuvres d'art sont déjà très différentes : elles sont plus grandes, plus recherchées, plus complexes. On en a recensé quelques milliers, depuis les toutes petites jusqu'aux très grandes. Dans des cas isolés, les animaux peints peuvent atteindre la longueur impressionnante de quatre, et même de cinq mètres. Les parois et le plafond entièrement décorés produisent un effet extraordinaire : même si les animaux sont de petite taille, celle-ci est compensée par leur grand nombre. Il y en a tellement que, parfois, ils sont même superposés. Tel est le cas, par exemple, du plafond d'Altamira, avec ses représentations de taureaux, qui est la première «fresque» paléolithique, découverte en 1879.

L'animal est le sujet principal de l'art pictural de l'Age de pierre. Il s'agit, en règle générale, de représentations réalistes qui reproduisent fidèlement la nature et qui traduisent des connaissances solides de l'anatomie, dans tous ses détails. L'artiste représentait les animaux soit au repos, soit en mouvement, dans des positions et des situations diverses, mais presque toujours de profil. On a recensé à peu près une cinquantaine d'espèces animales sur les parois rupestres; les plus imposants, comme le mammouth ou le

Chasseur tué par un bison (Lascaux : Périgord)

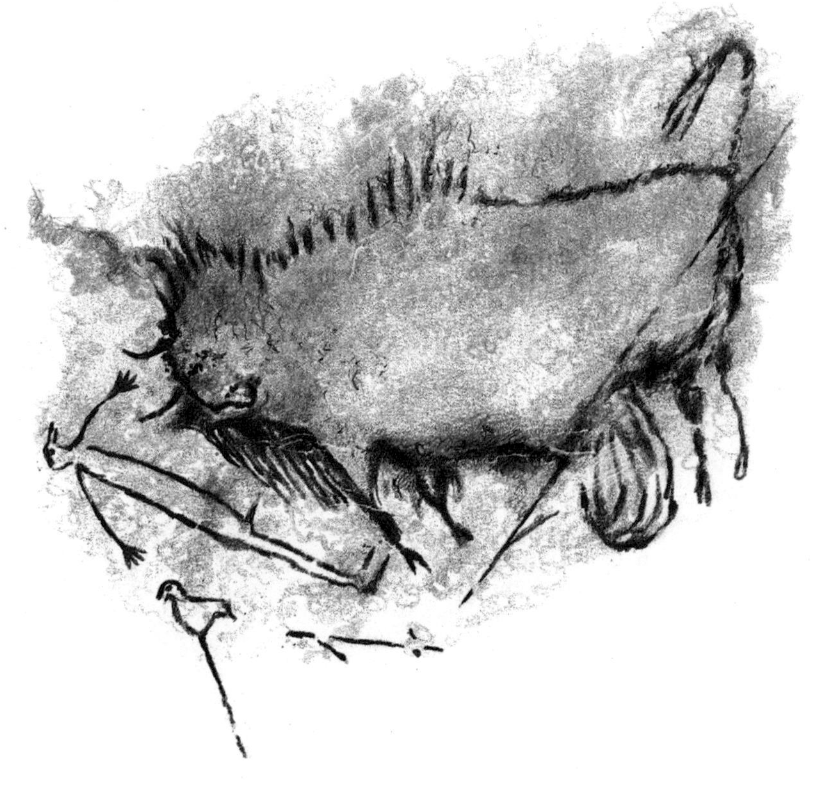

rhinocéros laineux, puis ceux dont les troupeaux fournissaient le plus de nourriture aux hommes avant la fin de la dernière glaciation, c'est-à-dire les rennes, les chevaux, les aurochs, les bisons, mais aussi les cerfs ou les bouquetins et, parmi les fauves, l'ours, le lion, le loup, et bien d'autres animaux encore, comme le sanglier, le lièvre et même le phoque. Dans des cas très exceptionnels, on rencontre des oiseaux (des hiboux et des oies) ou des poissons. Les artistes représentèrent de cette façon presque tout le règne animal. Ce qui est, par contre, curieux, c'est que l'art paléolithique ignorait souverainement le monde végétal. Il existe quelques dessins qui évoquent vaguement des plantes, mais leur interprétation n'est pas univoque.

D'ailleurs, les animaux eux-mêmes ne sont pas représentés de manière objective et équitable. Certains, comme les bisons, les aurochs et les chevaux, existent pratiquement dans toutes les grottes, d'autres (et le mammouth fait partie du nombre) sont relativement rares. Pour certaines espèces, nous ne connaissons qu'un seul exemplaire.

Le second sujet de prédilection de l'art paléolithique était l'homme lui-même. Mais là, nous sommes placés devant une véritable énigme : les animaux sont fréquemment représentés, les hommes assez rarement. Si les premiers sont peints avec réalisme, il n'existe pratiquement aucune représentation uniforme et «d'après nature» des seconds. Celles que nous connaissons sont des portraits abstraits, des dessins qui rappellent des gribouillis d'enfants ou des caricatures maladroites. Et après tout, qu'est-ce qui nous fait croire que ce n'étaient pas vraiment des caricatures? Les hommes du Paléolithique nous ressemblaient sous maints aspects, malgré la barrière temporelle qui nous sépare. Ils auraient très bien pu avoir un sens de l'humour proche du nôtre. Toujours est-il qu'ils n'ont

Chevaux de la grotte de Pech-Merle (Périgord)

Des points avec des traits tout autour, gravés sur le corps du bison de la grotte de Niaux, représentaient peut-être des blessures et du sang. Serait-ce une preuve que des gravures et des peintures rupestres servaient aux préparatifs rituels de la chasse?

Les peintures sur les rochers dans l'Est de l'Espagne représentent fréquemment des scènes de chasse comme cette chasse aux cerfs (Valltorta).

jamais représenté l'homme tel qu'il était vraiment. Comme ils avaient un excellent «coup de pinceau» quand il s'agissait des animaux, on doit donc penser que ce n'est pas parce qu'ils en étaient incapables. Qu'est-ce alors qui les en empêchait? Peut-être quelque crainte superstitieuse d'un sortilège ou un interdit religieux.

Il est certain que la magie était étroitement liée aux représentations de figures humaines. Sinon, on ne saurait expliquer pourquoi certains de ces dessins ne représentent pas vraiment des hommes, mais des êtres mi-hommes, mi-bêtes. La peinture la plus célèbre de ce type est le «magicien des Trois Frères», curieux personnage qui veille sur le passage des grottes souterraines, loin de la lumière du jour. Mis en évidence par les flammes des torches qui servaient à l'époque préhistorique à éclairer le chemin souterrain, il devait surprendre toute personne ayant l'intention de passer. Il était peint très haut, sur le plafond rocheux en forme de voûte qui surplombait l'entrée de la salle rupestre appelée aujourd'hui «Sanctuaire». C'est un personnage dont les deux bras sont humains, mais les jambes et le visage sont ceux d'un fauve, d'un lion peut-être. Il a une queue de cheval et des bois de cerf sur la tête. De nombreux savants se sont déjà interrogés sur la signification de cette peinture insolite : s'agit-il d'un homme, d'un animal, ou d'un être surnaturel? D'un chasseur, peut-être, vêtu de peaux pour tromper sa proie? D'un chaman, dans un habit rituel représentant un démon, le «Seigneur des animaux» ou quelque autre divinité? Il est inutile de chercher plus loin, nous n'aurons jamais la bonne réponse.

La troisième catégorie de peinture est aussi nombreuse que la toute première. Mais son sens est encore plus obscur que les représentations, pour le moins personnelles, de l'être humain. Elle englobe toute sorte de figures géométriques et de symboles qui n'ont aucun sens en soi. Il s'agit, par exemple, de rangées de pointillés exécutés en couleur rouge, de flèches stylisées, de triangles et de formations qui ressemblent à des damiers ou à des grilles, et bien d'autres encore. Jadis on croyait que ces signes abstraits devaient représenter malgré tout des choses concrètes : pendant très longtemps, par exemple, les chercheurs ont mené des débats sans fin autour d'un certain type de formes en demi-cercle pour savoir s'il représentait la coupe transversale d'une hutte de chasseur ou un grand piège pour capturer les animaux. Lorsqu'on découvrit, dans la grotte de Font-de-Gaume, une gravure de mam-

Représentation de la main (Gargas : Hautes-Pyrénées)

mouth qui recouvrait cette figure, on l'interpréta aussitôt comme la représentation d'une chasse fructueuse. Personne n'a eu l'idée de penser que le mammouth et le «piège» n'étaient peut-être pas réalisés au même moment et qu'ils se recouvraient alors par hasard. Sur les parois des grottes, les endroits qui se prêtaient bien à la peinture et à la gravure n'étaient pas, après tout, si nombreux et, au fil des années, devenaient de plus en plus rares. Certains artistes n'avaient plus d'autre ressource que de peindre ou de graver sur les œuvres de leurs prédécesseurs. Et puis, s'il s'agissait vraiment d'une scène de chasse au mammouth, ce serait une trouvaille sensationnelle et pratiquement sans précédent, car les peintures qui représentent un événement ou une action sont extrêmement rares.

C'est aussi l'une des caractéristiques intéressantes de l'art paléolithique : des milliers de tableaux, tous, représentations uniques, sans histoire, sans entourage. Les exceptions sont peu nombreuses, dont l'une est particulièrement célèbre. Dans la grotte de Lascaux, un artiste inconnu peignit, dans un réduit en forme de puits, un rhinocéros énorme qui penche la tête sur un homme allongé. Le rhinocéros est apparamment grièvement blessé par une lance qui l'a atteint au ventre. Cela ressemblerait tout à fait à une scène de chasse dramatique, immortalisée par le pinceau de celui qui y assista, s'il n'y avait pas quelques incohérences. Selon les canons de l'art paléolithique, le rhinocéros est représenté jusqu'au moindre détail alors que l'homme est à peine ébauché en quelques traits et, qui plus est, il a une tête d'oiseau. Non loin de lui se trouve un bâton, terminé par le dessin simple d'un oiseau. On ne sait pas si c'est un bâton totémique ou un propulseur de javelots que les chasseurs fabriquaient en os ou en corne et dont ils avaient l'habitude de décorer l'une des extrémités. Si ce tableau était peint à la gloire du chasseur tué, on se demande pourquoi celui-ci était représenté de sorte qu'on pouvait à peine l'entrevoir à cause du manque d'espace; même si l'on s'éclairait à la torche ou à la lampe à graisse, on ne pouvait voir toute la peinture dans son ensemble.

On peut déduire de cet exemple ainsi que des précédents que le plus grand problème n'est pas de deviner ce qui est dessiné ou gravé, mais de comprendre quelle signification cela pouvait bien avoir aux yeux d'un chasseur de mammouths. On étudie le sens de l'art paléolithique depuis plus de cent ans, sans être près de cerner la vérité.

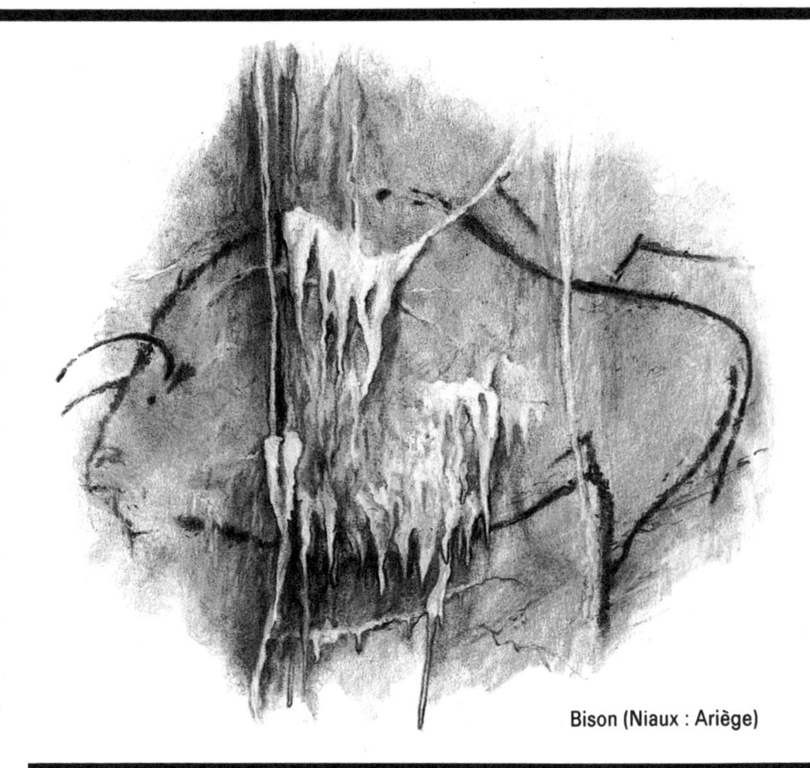

Bison (Niaux : Ariège)

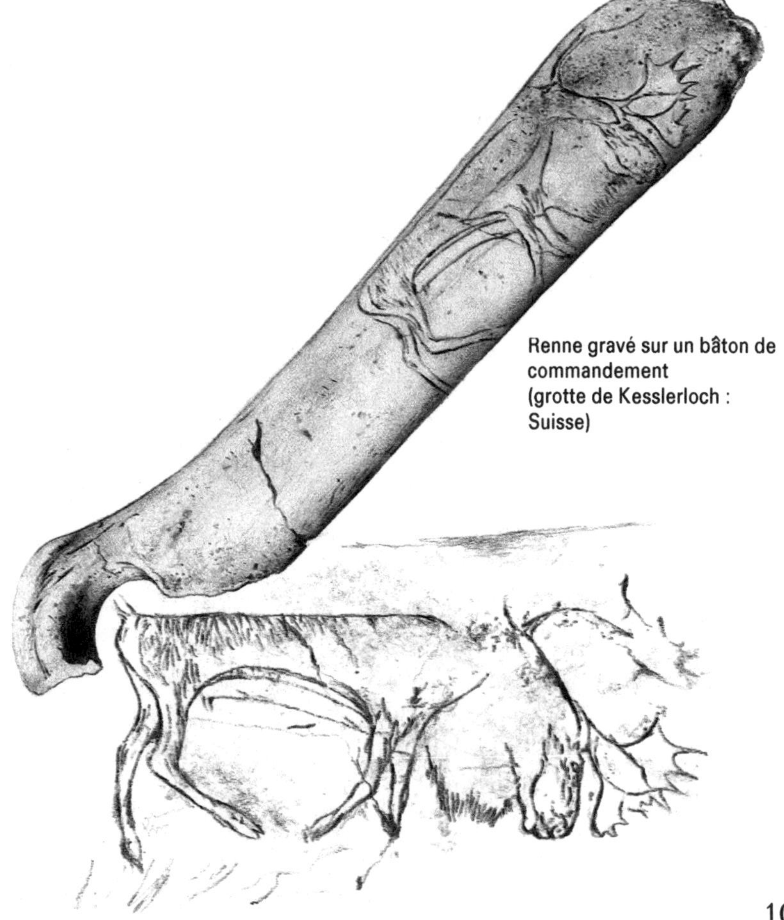

Renne gravé sur un bâton de commandement (grotte de Kesslerloch : Suisse)

Les chasseurs dessinaient l'animal qu'ils voulaient capturer, dansaient autour de son image en essayant de l'atteindre avec leurs armes. Ils croyaient que ce rite allait leur permettre d'abattre effectivement l'animal en question. Certaines caractéristiques de l'art paléolithique nous autorisent à penser que chez les chasseurs de mammouth il en était de même. Cette hypothèse prit de l'ampleur et se généralisa au point qu'on pensait que c'était la seule explication valable du phénomène de l'art paléolithique.

Mais cette interprétation est un peu simpliste. En effet, certains traits de cet art ne peuvent pas s'expliquer par la magie. Nous n'avons qu'à observer, comment les différentes espèces animales sont représentées. La célèbre grotte de Lascaux est le plus grand sanctuaire souterrain de la fin du Paléolithique. Les hommes de cette époque étaient avant tout des chasseurs de rennes; les os de rennes représentent les neuf dixièmes des restes de nourriture qu'on a pu trouver dans la caverne. Comment expliquer alors que parmi les 596 peintures d'animaux qu'abrite la grotte de Lascaux, il n'y ait qu'un seul renne? Les rites et les préparatifs de la chasse n'avaient sûrement pas lieu devant les peintures d'animaux que les chasseurs ne chassaient pas.

Les hypothèses les plus modernes concernant l'art paléolithique sont bien plus complexes. Ils semblerait que les peintures ne soient isolées qu'en apparence : en réalité, le

La plus célèbre peinture rupestre qui représente un être mi-homme, mi-animal est celle qu'on a découverte dans la grotte des Trois Frêres. On l'appelle fréquemment «le Magicien» bien que cette interprétation soit incertaine.

LA RAISON D'ÊTRE DES PEINTURES PALÉOLITHIQUES

Au moment des premières découvertes, les archéologues considéraient que les artistes de «l'époque du mammouth et du renne» peignaient sans raison précise, uniquement pour le plaisir de créer. La science abandonna très vite cette hypothèse. A la fin du siècle dernier, on accumula un bon nombre de notes d'expéditions et d'études ethnologiques des explorateurs qui rapportent comment les tribus primitives, vivant dans les parties du monde coupées et éloignées encore de notre civilisation, utilisaient lors des préparatifs de la chasse des dessins d'animaux à caractère magique et même cultuel.

Cerf (Las Chimeneas : Espagne)

décor d'une grotte forme un ensemble où chaque animal, chaque signe obscur, a sa place et sa fonction propres. Cette collection de peintures dans le sanctuaire rupestre traduit peut-être la vision du monde des hommes de cette époque avec toutes les forces qui s'affrontent dans un combat de vie ou de mort, tout en se complétant harmonieusement, sachant que l'une ne peut exister sans l'autre. Mais est-ce là, la vérité? Ce qui reste une valeur sûre, c'est bien la beauté de ces tableaux, peints il y a de cela dix mille ou vingt mille ans.

Cet art s'éteignit à la fin de la dernière glaciation, avec le déclin de l'Age de pierre. Le paysage européen se modifia et les hommes ne se rendirent plus dans les cavernes. Les sanctuaires souterrains furent abandonnés, puis oubliés et les hommes n'en créèrent pas d'autres. Il ne faut pas croire que ces hommes qui vivaient de la chasse et de la cueillette et qui habitaient l'Europe à l'époque du Mésolithique avant l'arrivée des premiers agriculteurs, ne surent produire rien de beau. Il serait plus juste d'imaginer qu'ils peignaient et gravaient sur des matériaux périssables qui ne se sont pas conservés : sur le bois, sur le cuir ou sur la vannerie. Toujours est-il que ce fut la fin des grandes peintures rupestres.

Il existe une seule exception très intéressante à cette règle. Dans l'est de l'Espagne, on peut rencontrer dans les vallées des montagnes, sur les parois rocheuses, des peintures en argile rouge. Elles représentent aussi le monde des chasseurs de cette époque, mais d'une manière qui diffère totalement de la peinture paléolithique. Il s'agit de scènes entières qui représentent la chasse, les batailles, les fêtes et la danse. Tout cela signifie que leur sujet principal était l'homme. Il est difficile de déterminer leur âge exact. On pensait auparavant qu'elles étaient l'œuvre des hommes du Mésolithique ; aujourd'hui, on en est moins sûr. Une partie d'entre elles date probablement de cette époque, mais la plupart doit provenir du Néolithique, de l'époque où les agriculteurs s'installèrent définitivement dans les régions fertiles de l'Europe. Fatalement, leurs centres d'intérêt n'étaient plus les mêmes qu'au Paléolithique, mais ils ne réussirent pas à surpasser, ni même à égaler la beauté majestueuse de l'art rupestre des hommes de l'Age de pierre.

Sanglier (Altamira : Espagne)

Cheval (Lascaux : Périgord)

LA SCULPTURE

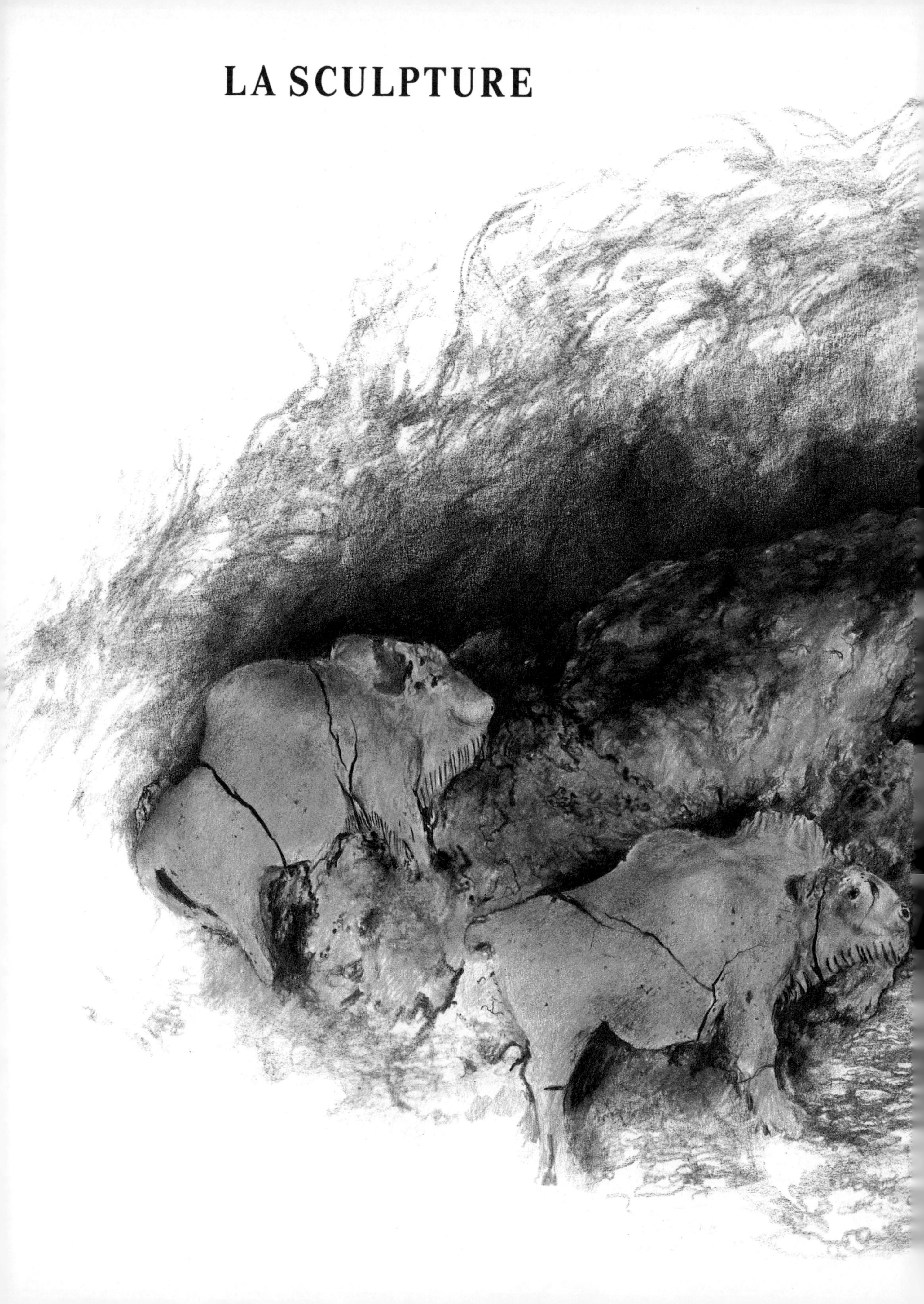

Dans l'Antiquité, les Grecs aimaient et admiraient la beauté sous toutes ses formes, et adoraient, il y a de cela des milliers d'années, Aphrodite, déesse de la beauté et de l'amour. Une série de statues, représentant cette déesse, femme de beauté idéale, s'est conservée jusqu'à nos jours. Les Romains, bâtisseurs du plus grand empire antique, adoptèrent cette divinité des Grecs ainsi que l'idéal de beauté qu'elle personnifiait. Ils l'appelèrent Vénus.

Lorsqu'on découvrit les premières statuettes paléolithiques représentant les femmes, on les appela également «Vénus», mais bien entre guillemets, car tout un monde les sépare des sculptures en marbre antiques. Les Grecs et les Romains avaient la même idée du beau ou, mieux, c'est nous qui avons hérité d'eux cette conception. Il nous semblerait aberrant que les statuettes paléolithiques aient pu représenter un idéal de beauté. Mais les choses ne sont pas si simples.

Les «Vénus» du Paléolithique supérieur n'étaient pas censées matérialiser la beauté féminine. Elles jouaient un rôle autre que purement esthétique, et les lignes du corps de la femme correspondaient à cette fonction. Leur aspect n'est pas ce qu'il y a de plus important. Les «Vénus» prouvent à la science que les hommes du Paléolithique supérieur surent non seulement dessiner et peindre, mais aussi tailler et sculpter. Ils surent représenter leur modèle en trois dimensions, lui prêtant le volume, le «corps». La sculpture était donc l'un des arts que les chasseurs de mammouths maîtrisèrent parfaitement; en outre, elle apparut au même moment, si ce n'est plus tôt que les premiers dessins, comme le démontrent les plus récentes découvertes.

LA PLUS ANCIENNE SCULPTURE

Il n'y a rien d'étonnant à cet «âge avancé» de la sculpture. Nous savons bien quel rôle le travail de la pierre a joué dans le développement des grandes civilisations. Vers la fin du Paléolithique inférieur et au Paléolithique moyen l'homme a su façonner des coups-de-poing si harmonieux que c'étaient déjà de véritables chefs-d'œuvre. Jusqu'à la fin du Paléolithique, il n'y avait aucune différence entre l'art «pur» et l'art «appliqué». Le sens esthétique épousait fort heureusement l'aspect fonctionnel, et toute une gamme d'outils en pierre ou en os est là pour en témoigner. «L'artisan» paléolithique devait savoir auparavant, quelle forme il allait donner à son instrument, et comment il allait l'obtenir en percutant la pierre, et en enlevant de fins éclats jusqu'à dégager du nodule informe de silex cette forme parfaitement symétrique, telle qu'il l'avait imaginée. On pourrait penser que ce souci de la beauté était un peu exagéré, et qu'il pouvait même nuire à la fonction de l'outil. Toujours est-il qu'un outil plus simple aurait rendu exactement les mêmes services. Mais l'aspect de l'instrument et, parfois même, la couleur du matériau choisi avaient déjà de l'importance aux yeux de ceux que nous appelions, il n'y a pas si longtemps de cela, les hommes-singes. En réalité, c'étaient les premiers sculpteurs.

Les hommes qui avaient un tel sens de la forme, devaient être sensibles à celles qu'ils rencontraient dans la nature. Nous connaissons toutes les associations qu'éveillent en nous, par exemple, les nuages qui passent, ou bien, les pierres qui peuvent nous rappeler vaguement une forme animale ou humaine. Ce sont des visions subjectives, car les mêmes formes se prêteront à différentes interprétations. Ce jeu de l'imagination a pu être décisif pour la naissance de la sculpture. Les hommes remarquaient certaines pierres et les conservaient peut-être, car leur forme les intéressait. Peu à peu, ils essayèrent de modifier la forme naturelle de celles-ci et d'accentuer ainsi la ressemblance. Parfois, les archéologues trouvent, pendant les travaux de fouilles, des pierres aux formes insolites. Il faut cependant éviter les conclusions hâtives, car il n'est pas du tout certain que l'homme du Paléolithique ait nécessairement, en voyant cette pierre, procédé à la même association d'idées que celui du XXe siècle. Plusieurs facteurs entrent en jeu pour provoquer cette association : l'éclairage de l'objet, l'angle d'observation, l'imagination de l'homme et, enfin, un nombre limité de possibilités, déterminées par le milieu ambiant, dans ce qui se prêtait à la comparaison avec l'objet en question.

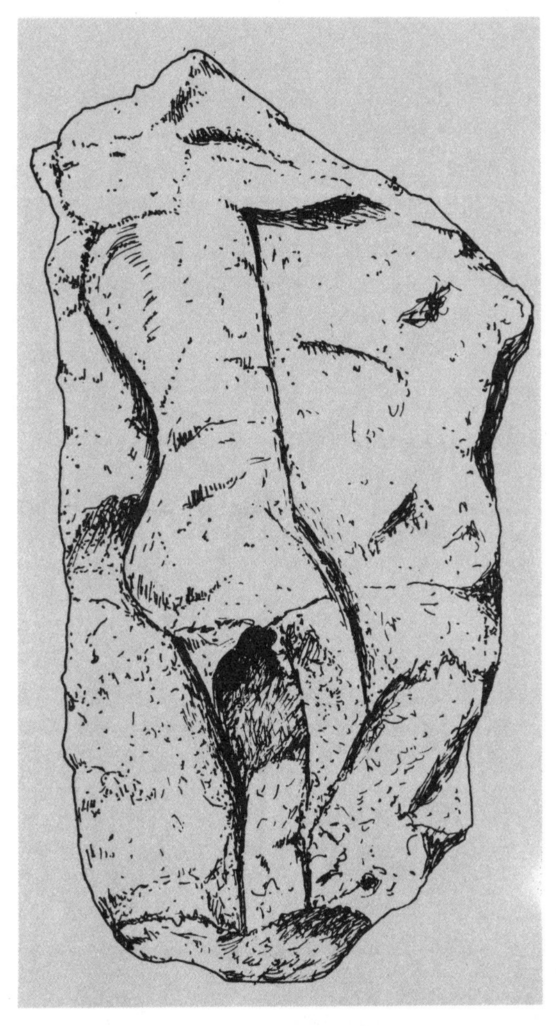

Corps humain sculpté en relief dans une pierre (Laussel : Périgord).

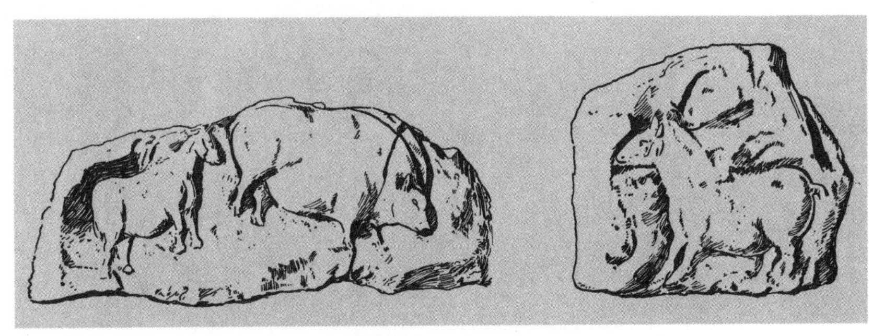

Un artiste paléolithique sculpta plusieurs animaux en relief sous un rocher en surplomb de Roc-de-Sers (France).

Parmi toutes les sculptures que nous connaissons, il y en a une particulièrement intéressante, car elle est, pour le moment, la plus ancienne. En explorant le site de Bečov, en

Ces reliefs en argile de la grotte Tuc d'Audoubert, représentant des bisons, occupent une place particulière dans l'art paléolithique (Ariège).

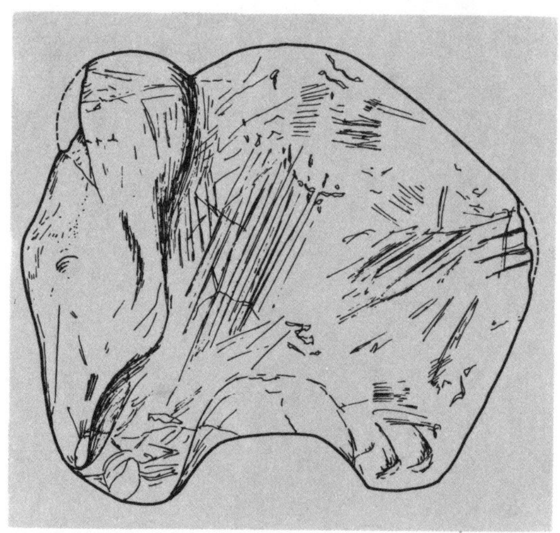

Cette petite statuette de mammouth exécutée dans un morceau d'ivoire a été découverte dans le site de Předmostí, en Moravie (Tchécoslovaquie).

Tchécoslovaquie, on découvrit les restes d'une hutte circulaire qui dataient d'une période un peu plus chaude de l'avant-dernière glaciation. Les hommes la construisirent, il y a un quart de million d'années, à l'époque du Paléolithique moyen, accolée à un rocher en quartzite. Elle ressemblait à toutes les autres huttes bien qu'elle soit l'une des plus anciennes : les grandes pierres déterminaient la circonférence du sol dont le centre était occupé par un foyer. Les habitants de la hutte fabriquaient des outils en pierre et écrasaient sur des pierres plates de l'argile rouge qui leur servait, peut-être, à se peindre le corps. Pour ce faire, ils s'installaient sur une grosse pierre plate, enfoncée dans le mur. Tout autour, se trouvait de la peinture rouge éparpillée, à l'exception de deux taches ovales qui restaient propres. Lorsqu'on s'installe sur le siège, on constate que les pieds de l'homme devaient reposer précisément sur ces taches. Autrement dit, ce sont les «négatifs» des pieds de l'homme qui y travaillait il y a deux cent cinquante mille ans.

C'est peut-être cet homme qui fabriqua le curieux objet qu'on trouva justement dans cette partie de la hutte. C'est un morceau de grès brun, long de 7 centimètres, dont les contours font penser à une figure humaine. On est certain que cette forme n'est pas na-

Préparatifs de la chasse à caractère cultuel près d'une «statue» d'ours en argile (grotte de Montespar Haute-Garonne)

turelle et qu'elle a été partiellement retouchée. La plupart des spécialistes qui eurent l'occasion de l'examiner, sont formels à ce sujet, bien que la ressemblance ne soit pas très nette. Si les scientifiques ne se trompent pas, nous sommes en présence de l'objet sculpté le plus ancien, plus ancien encore que les plus anciennes gravures. Ce n'est pas encore une tête sculptée, mais c'est une tentative, une ébauche.

La forme naturelle de la pierre inspira l'artiste, même plus tard. La surface en relief devait frapper fortement l'imagination des artistes du Paléolithique supérieur, d'autant plus qu'elle était éclairée par la flamme des torches ou des lampes à graisse dont la lumière produisait des effets spectaculaires. La confirmation de ce que nous avançons réside dans le fait que certains de ces endroits ont été travaillés comme la pierre de Bečov. Les renflements de la paroi rocheuse qui rappelaient des formes animales, ont été retouchés et leurs contours accentués au burin pour mieux faire ressortir la ressemblance. Dans Altamira, la célèbre grotte espagnole, il existe des cas où la sculpture a été soulignée par la peinture pour obtenir un meilleur effet visuel. Sans doute, est-ce en retouchant les formes naturelles préexistantes que l'homme acquit la technique du relief.

Cette sculpture remarquable représentant un bison qui tourne la tête, provient de la grotte de La Madeleine (Périgord).

Fabrication de sujets en terre cuite dans le four de Dolní Věstonice

Cet objet façonné dans un bloc d'ivoire est censé représenter un cygne en vol. Il fait partie de la belle collection de statuettes d'oiseaux, découverte à Malta, en Sibérie (Union Soviétique).

L'ASPECT DES RELIEFS PALÉOLITHIQUES

Le relief est une représentation à mi-chemin entre la gravure et la sculpture. Il est sculpté sur un bloc fixe pour obtenir un tableau plus ou moins plastique. Les reliefs paléolithiques dépassaient à peine le stade de la gravure. Il est intéressant de constater qu'à la différence des gravures rupestres, les reliefs se trouvent à l'extérieur, à la lumière du jour, peut-être parce que le jeu de la lumière et de l'ombre les met plus en valeur. On les rencontre le plus souvent dans les entrées des grottes ou bien sur les parois rocheuses abruptes, protégées par un rocher en surplomb. Ils sont assez rares. Comparativement à la peinture et à la gravure rupestres, leur nombre est très restreint, et tous ceux que nous connaissons se trouvent dans le Sud de la France. Il semblerait qu'au départ, ils étaient assez grossiers et qu'on les ait affinés dans la dernière étape du Paléolithique.

En ce qui concerne leur thématique, on ne peut pas ne pas remarquer que le corps humain y est fréquemment représenté ce qui n'était pas le cas pour la peinture. De manière générale, c'est un corps de femme. Les sculpteurs n'avaient pas la prétention de rendre la ressemblance parfaite. Il s'agissait bien plutôt d'une ébauche stylisée. Mais, de même que la peinture, les reliefs devaient avoir une signification qui était en relation avec des pratiques de magie, liée à la chasse. Le relief le plus beau et le plus expressif est celui de Laussel, en Dordogne qui représente une «Vénus». Cette figure féminine tient à la main un objet qui ressemble à une corne de bœuf. Les chasseurs du Paléolithique supérieur, auraient-ils connu le symbole de la corne d'abondance, tel qu'on le concevait au Moyen Age? Représentait-elle la fécondité éternelle de la nature? L'utilisait-on comme coupe cultuelle pour des libations au cours de cérémonies? Après avoir étudié la peinture paléolithique, nous savons que c'est précisément l'interprétation de l'œuvre d'art qui est la plus difficile. A Laussel, il existe d'ailleurs plusieurs «Vénus» en relief qui tiennent des objets variés à la main. Les reliefs représentant des chevaux sauvages, des aurochs ou des bisons, sont apparemment plus faciles à comprendre. Ils sont sculptés dans les rochers à Cap Blanc ou à Le Roc, dans la même région. Mais la création la plus remarquable dans ce domaine est, indiscutablement, un relief qui n'a pas son égal, tant par sa conception que par son emplacement. Il se trouve très loin, à l'abri de la lumière, dans une grotte qu'on ne peut atteindre qu'après avoir longtemps marché dans les couloirs souterrains. Il n'est pas sculpté dans la pierre, mais modelé dans la glaise, et appliqué sur la surface d'un rocher. Grâce à cet emplacement, loin des influences extérieures, il a pu se conserver intact près de quinze mille ans. Nous pouvons l'admirer sur les photographies et sur les reproductions, car il n'est pas accessible au public. C'est un couple de bisons, long de quelques dizaines de centimètres. Non loin du groupe se trouve un troisième bison en argile appliquée, cette fois-ci, au sol de ce sanctuaire rupestre; le quatrième bison a été dessiné avec le doigt dans la vase. Cette caverne se trouve dans le Sud de la France et s'appelle Tuc d'Audoubert. Mais les reliefs ne sont pas encore des sculptures à proprement parler. Ils n'arrivent pas encore à se détacher du support fixe de la paroi rocheuse. La vraie sculpture est un objet d'art qu'on peut contempler et admirer de tous les côtés et qui est, à cet effet, retouché par les instruments de l'artiste. Il s'agit de la statue.

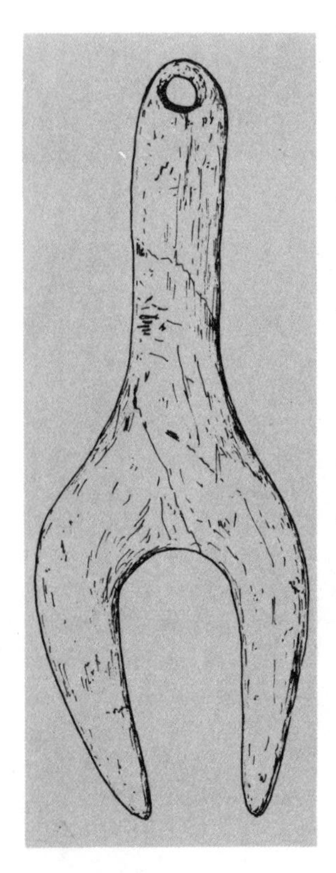

La simplification et le dépouillement de la forme a atteint son paroxysme dans de petites statuettes qui servaient d'ornement, comme ce pendentif en ivoire qui représente un être humain, réduit à sa plus simple expression (Dolní Věstonice : Tchécoslovaquie).

L'HISTOIRE DES PREMIÈRES «VÉNUS»

Il est un peu gênant de désigner les premières sculptures par le terme de statue qui évoque un objet d'art ayant certaines dimensions. Au Paléolithique, on ne rencontre que de petites statuettes. Les «Vénus» sont les plus connues et les plus populaires.

Elles étaient l'œuvre des chasseurs de mammouths, à l'apogée du Paléolithique supérieur. Entre la petite tête de Bečov et ces statuettes, s'ouvre un abîme temporel que rien ne remplit. Les Néandertaliens eux-mêmes n'ont rien créé d'analogue. Les statuettes d'Europe occidentale et centrale datent d'il y a vingt ou trente mille ans ; celles qui proviennent de l'Europe orientale sont un peu plus récentes. Nous en connaissons au-

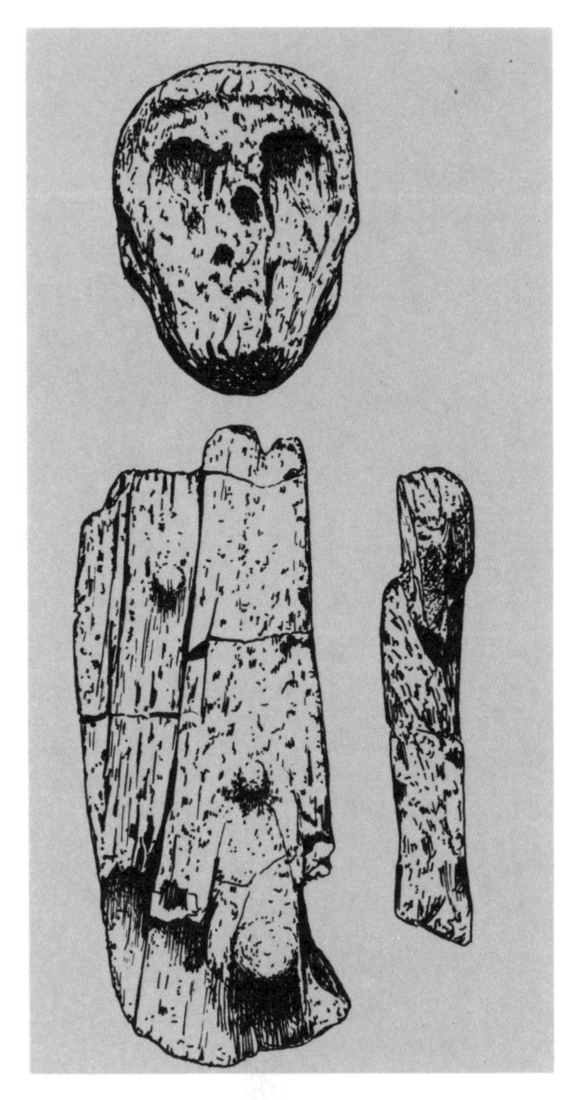

Cette statuette désarticulée est un objet d'art unique; ses parties ont été retrouvées dans une tombe paléolithique datant de l'époque des chasseurs de mammouths (Brno : Tchécoslovaquie).

jourd'hui une centaine ; malheureusement, rares sont celles qui se sont conservées entièrement. Trente ou quarante d'entre elles sont restées intactes, et même si ce nombre est relativement réduit, il représente malgré tout une belle collection d'art.

Comme le montre déjà leur appellation, il s'agit presque toujours de femmes. Il n'existe que quelques exemplaires représentant les hommes de l'époque du Paléolithique. On en a trouvé un dans la tombe d'un chasseur de mammouths près de Brno, en Tchécoslovaquie. Ce n'est pas une statue dans le vrai sens du terme, mais plutôt une sorte de marionnette en ivoire dont les bras et les jambes sont attachés au corps par des pivots autour desquels ils tournent. On est certain qu'il ne s'agissait nullement d'un jouet.

Ces statuettes ne sont jamais des reproductions fidèles de la réalité, mais leur conception est, malgré tout, très diversifiée. Il s'agit le plus souvent de corps féminins avec une accentuation qui peut nous sembler exagérée des parties qui ont rapport à la procréation. Aussi les signes de maternité sont-ils soulignés, alors que la tête, les bras, les jambes ne sont qu'ébauchés. Telles sont

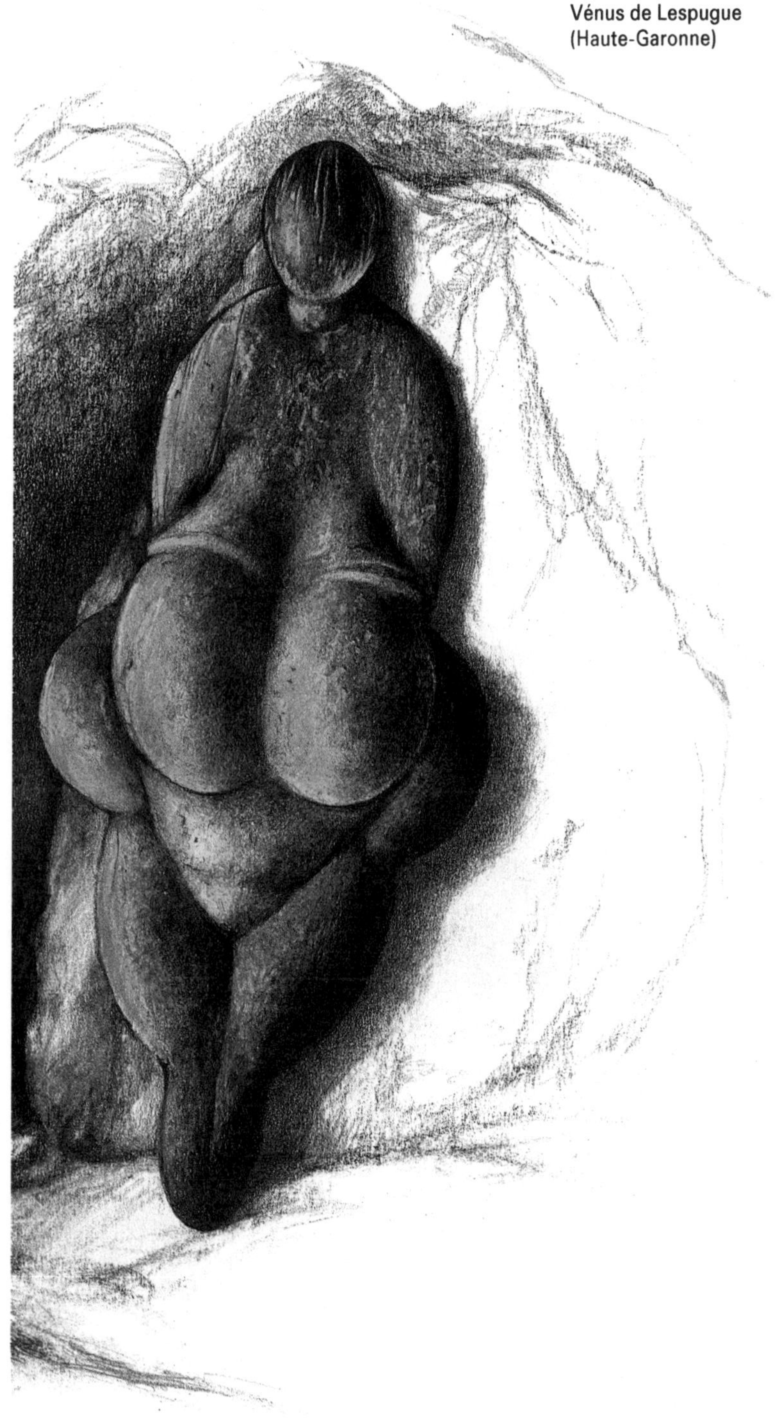

Vénus de Lespugue (Haute-Garonne)

Pour un chasseur mésolithique du Nord-Est européen, l'élan était l'animal le plus important. Rien d'étonnant, donc, à ce que l'objet sur l'illustration (il s'agit probablement d'un poignard en corne) soit décoré d'une tête d'élan. Sur le croquis figurant à côté, on a représenté l'endroit où on l'a trouvé : c'était dans une des tombes du cimetière de l'Ile aux Cerfs sur le lac Onéga (Union Soviétique) qui contenait, par ailleurs, deux squelettes.

les statuettes qui proviennent d'Europe centrale (Dolní Věstonice, Willendorf) ou orientale (Kostiénki, Avdeevo). La valorisation de ces parties pouvait aller jusqu'à l'abstraction des autres, des bras et des jambes. Le sol d'un campement de chasseurs près d'Ostrava livra un torse de femme conçu de façon si originale et hardie qu'on pourrait le prendre pour l'œuvre d'un artiste contemporain. Une catégorie à part est constituée de statuettes «habillées» de Sibérie dont nous avons eu déjà l'occasion de parler.

De longues discussions savantes ont eu pour objet l'importance de ces statuettes

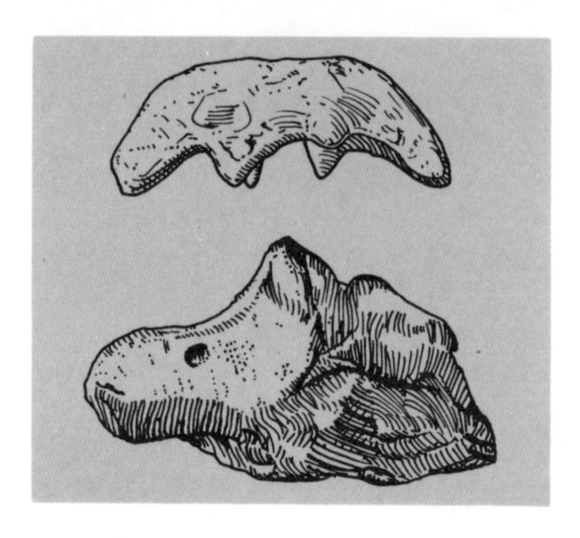

Les plus anciennes céramiques du monde sont les statuettes d'animaux qui proviennent des sites des chasseurs de mammouths moraves (Tchécoslovaquie). En haut : statuette représentant probablement un glouton (Předmostí); en bas : la tête d'un rhinocéros laineux (Pavlov).

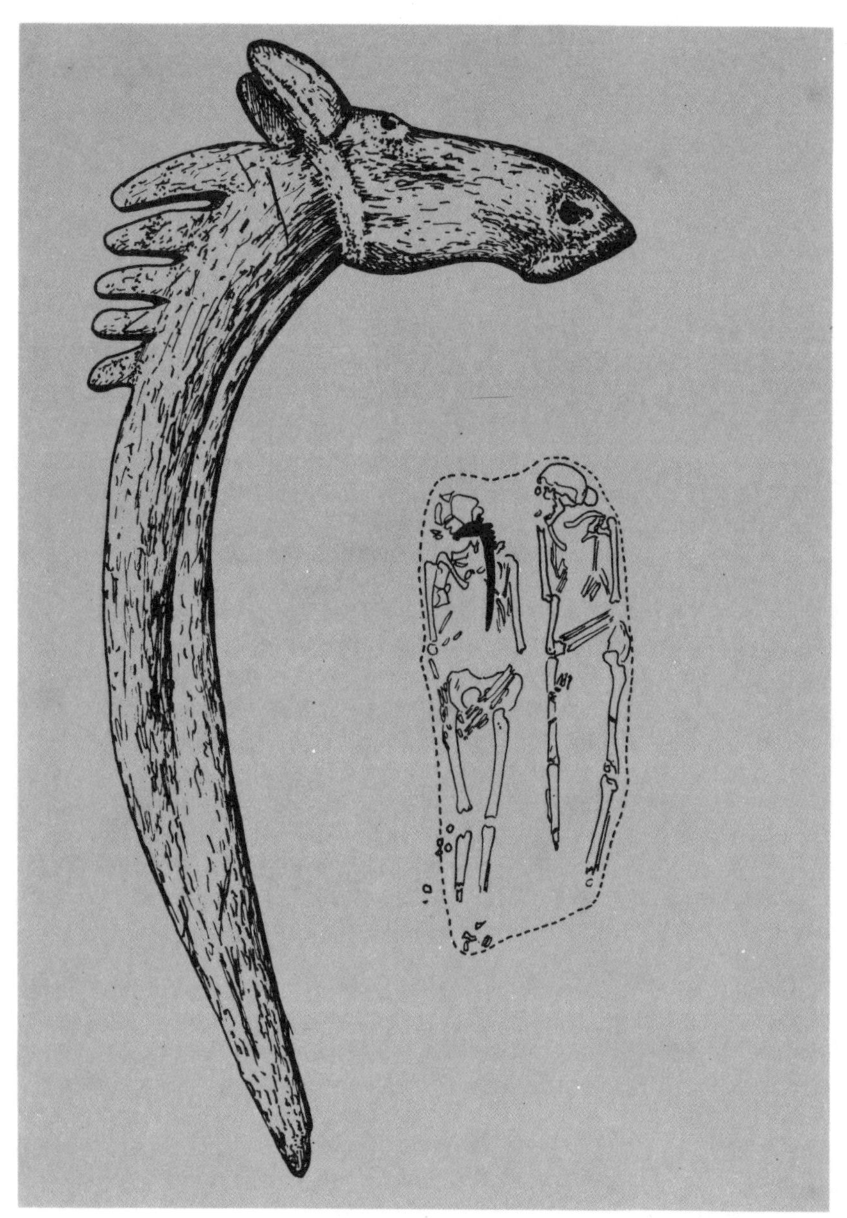

Vénus de Dolní Věstonice

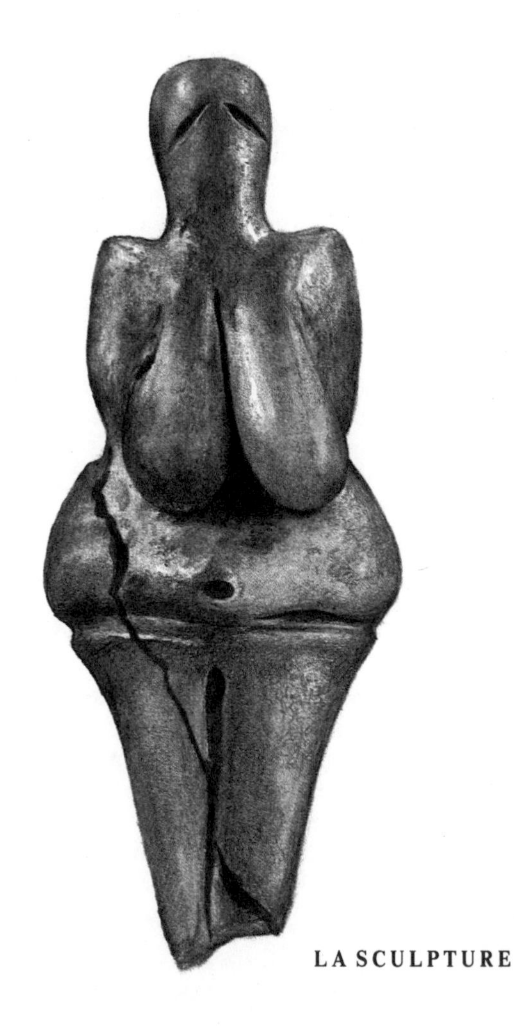

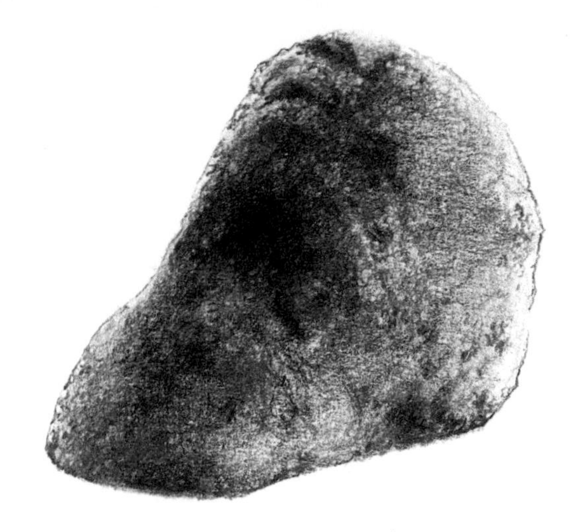

LA PLUS ANCIENNE CÉRAMIQUE

Les collines de Pavlov en roche calcaire forment une frontière naturelle entre la Tchécoslovaquie et l'Autriche. Il y a vingt ou trente mille ans, de nombreux sites de chasseurs de mammouths occupaient leurs versants. Les plus importants étaient ceux qu'on a découverts près du village Dolní Věstonice et de Pavlov. Le premier est le plus ancien. La pièce-maîtresse de tous les objets qu'on trouva là-bas, lors des fouilles, est une statuette sombre, une «Vénus» typique de cette époque. Sa forme n'a rien d'extraordinaire, ne différant en rien des autres. Toutefois,

← Statuette en pierre représentant une tête humaine (Bečov : Tchécoslovaquie)

pour l'homme du Paléolithique. D'une manière générale, on suppose qu'il s'agit d'une idole, d'un objet de culte par l'intermédiaire duquel l'homme adorait la Fécondité sous toutes ses formes, fécondité si importante pour la survie de la horde et de toute l'espèce humaine. Mais, étant donné qu'on a trouvé la plupart de ces statuettes dans les huttes, parfois même dans les «cachettes» spécialement conçues pour elles à côté du foyer, certains considèrent qu'il s'agissait d'une divinité familiale protectrice du feu et, par là même, de toute la horde. Pourtant, cette hypothèse n'est pas universelle : certaines statuettes représentent des hommes, d'autres uniquement une tête féminine dotée, à la différence des autres, d'un visage et d'une coiffure bien marqués ; d'autres encore représentent des sortes d'androgynes, car on ne peut déterminer s'il s'agit d'un homme ou d'une femme. Aucune interprétation n'est acceptable sans restriction et c'est, d'ailleurs, normal quand nous réalisons combien de milliers d'années et combien de centaines de kilomètres séparaient leurs créateurs. Ces statuettes diffèrent jusqu'à la matière qui servit à leur fabrication. Certaines sont sculptées dans l'ivoire, d'autres dans une pierre tendre. La «Vénus» de Dolní Věstonice, unique en son genre, est en terre cuite.

Haut-relief de la Vénus de Laussel (Dordogne)

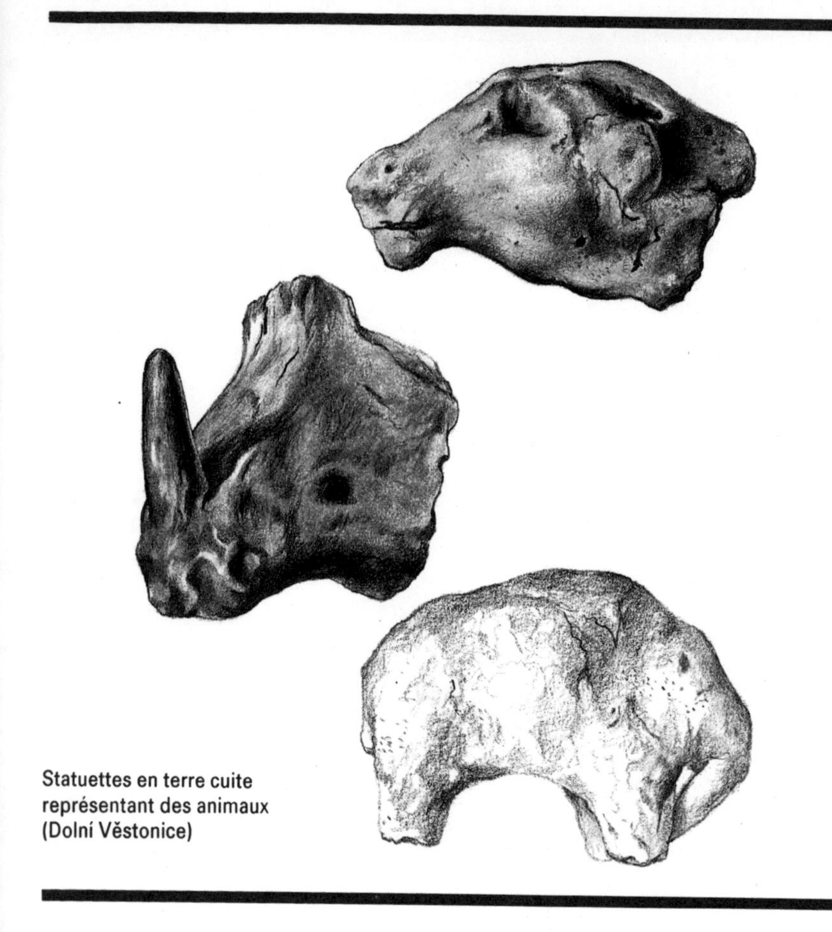

Statuettes en terre cuite représentant des animaux (Dolní Věstonice)

elle est unique, car elle est modelée en argile mélangée de cendres, et cuite au four.

Dans les pages qui concernent les foyers anciens, nous avons signalé le fait que les chasseurs du Paléolithique inférieur et moyen n'utilisaient pas de récipients en terre cuite, car tout compte fait, ils n'en avaient pas vraiment besoin. Nous avons mentionné, cependant, un four spécial, trouvé dans une des huttes de Dolní Věstonice, qui prouve que les objets en terre cuite existaient déjà à l'époque des chasseurs de mammouths.

Les hommes ne se limitaient pas aux seules représentations d'hommes ou de femmes mais, comme on pouvait s'y attendre, ils créaient également des statuettes d'animaux. Comme dans le cas de la gravure et de la peinture, les animaux étaient reproduits beaucoup plus fidèlement que les personnes. Ces sujets représentaient un grand nombre d'espèces animales, et la matière dans laquelle ils étaient façonnés est également très diverse : il y en a qui sont en ivoire de mammouth, en os, en corne, ou en pierre tendre. Nous connaissons des mammouths qui proviennent de Dolní Věstonice ou de Předmostí, des chevaux, découverts dans les grottes allemandes ou françaises, mais aussi en U.R.S.S. près de Sungir, des représentations de cygnes et d'oiseaux stylisés, trouvés à Malta, en Sibérie. C'est, presque chaque fois, une trouvaille unique et, dans le meilleur des cas, on peut trouver quelques pièces dans un site.

Dans le four de Dolní Věstonice qui est le premier four de céramique connu dans le monde, on faisait cuire les statuettes par centaines, il y a vingt-cinq mille ans. A quoi servaient-elles, on n'en sait rien. Quelques-unes portent des traces de piqûres, aussi certains considèrent-ils qu'on les utilisait pour des incantations, pendant des rites qui accompagnaient les préparations à la chasse; mais nous n'en sommes pas sûrs. Lorsque le contenu du four fut analysé par les archéologues, ils découvrirent deux mille deux cents morceaux d'argile qui avaient été, visiblement, manipulés et portaient parfois des traces de doigts et même de paumes de la main qui sont restées fixées par la cuisson. Une partie de ces petits bouts de terre cuite était composée de fragments de statuettes. On en a trouvé bien d'autres plus tard, cassées ou entières, pendant l'exploration minutieuse du sol des campements de chasseurs, à Dolní Věstonice, à Pavlov et à Předmostí, sites d'une culture paléolithique caractéristique de l'Europe centrale, et particulièrement de la Moravie. Ces statuettes représentent

Sujets en ambre représentant des animaux : ours (Resen : Danemark), tête d'élan (Egemarke : Danemark)

n'oublions pas qu'au Mésolithique, l'Europe était couverte de forêts et que l'homme disposait donc d'une surabondance de bois. Il paraît logique qu'il se soit spécialisé dans la sculpture de cette matière qui s'y prête si bien. La trouvaille isolée d'une tête d'homme sculptée en bois de chêne semble confirmer cette hypothèse. Ce vestige unique provient de Volkerak aux Pays-Bas.

Il existe une autre très belle matière que l'homme découvrit lorsqu'il peupla le Nord de l'Europe après la dernière glaciation. C'est l'ambre. Dans les régions baltiques, on découvrit de nombreuses sculptures d'animaux qui représentaient des élans, des ours ou des oiseaux aquatiques. Certaines datent du Mésolithique, d'autres d'une époque plus récente au cours de laquelle les premiers agriculteurs commencèrent à affluer en Europe. Le Nord resta cependant une zone de chasse et ce furent les habitants de ces régions qui transmirent, de génération en génération, l'art de la sculpture.

← Statuette en ivoire représentant un visage humain (Brassempouy : Landes)

des animaux entiers ou bien des têtes, parfois des miniatures. Cette belle collection comprend des mammouths et des rhinocéros laineux, mais aussi des ours, des lions, des chevaux, des loups, des bouquetins et des gloutons.

Malheureusement, ces vestiges ne nous indiquent pas comment apparurent les premiers objets en terre cuite. Par hasard, peut-être, un bout d'argile a dû tomber dans le feu où il a durci.

Il est intéressant de noter que les statuettes d'animaux sont la seule forme d'art (à l'exception des peintures rupestres, dans une zone limitée dans l'Est de l'Espagne) qui se maintint, sans interruption, depuis le Paléolithique supérieur. Au Mésolithique, lorsque les grottes furent abandonnées et que disparut l'art de la peinture, de la gravure, du relief et, pour quelque temps, celui de la sculpture des «Vénus» qu'on continuait pourtant à créer encore à l'époque de chasseurs de rennes, à la fin du Paléolithique, commença une nouvelle ère de l'humanité qui ne nous légua que de très rares objets d'art. Les hommes de cette époque n'y sont pour rien :

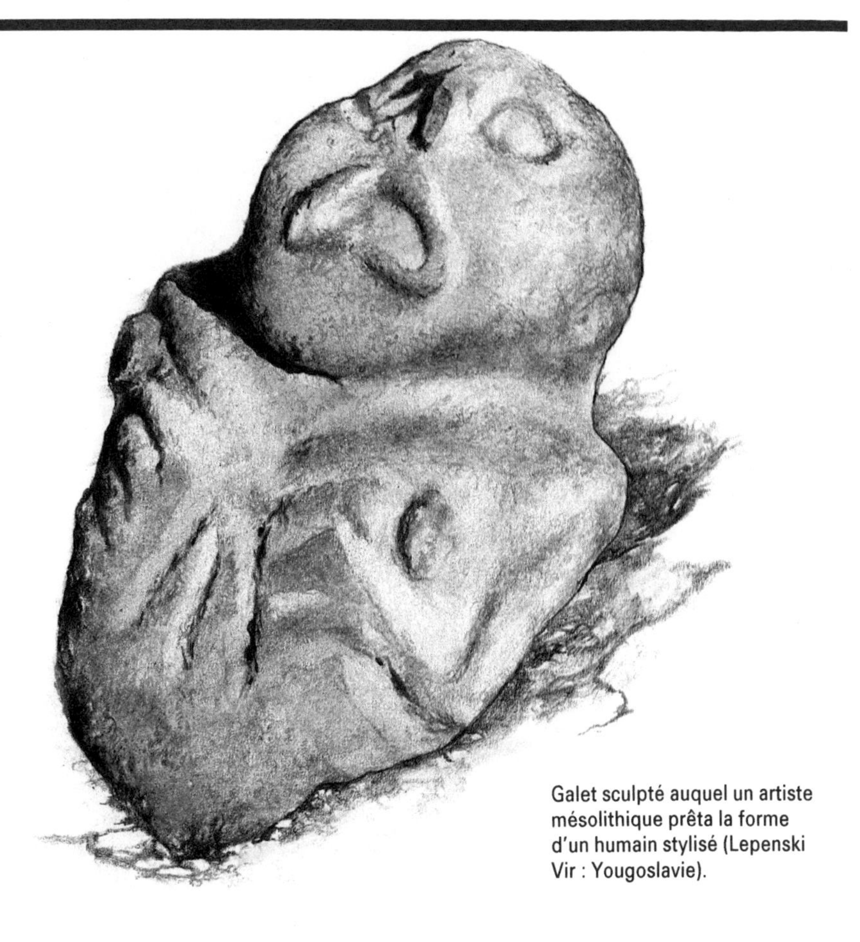

Galet sculpté auquel un artiste mésolithique prêta la forme d'un humain stylisé (Lepenski Vir : Yougoslavie).

LES ORIGINES DE LA MUSIQUE

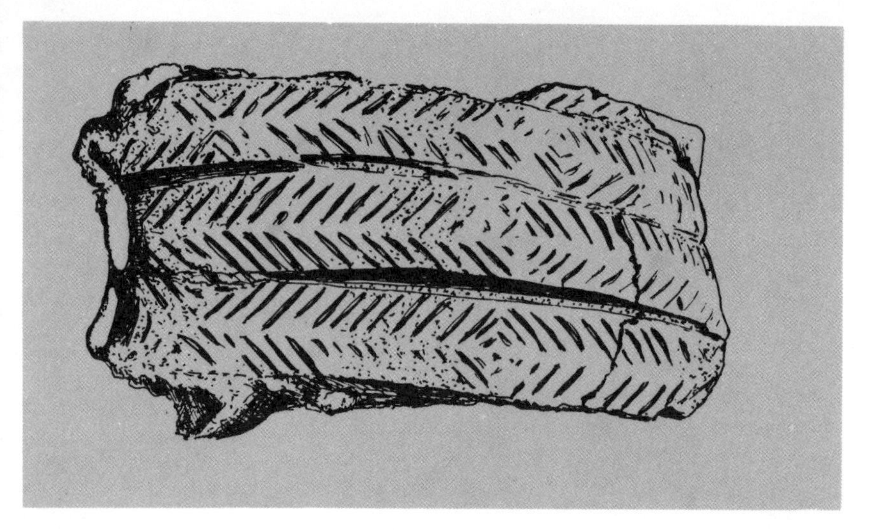

Le bracelet composé de plusieurs plaquettes d'ivoire et décoré de traits, faisait partie du «premier orchestre» de Mésine (Union Soviétique).

Il n'y a pas très longtemps de cela, un curieux orchestre se produisit lors d'un congrès de compositeurs devant une salle bondée. On ne pouvait pas qualifier de musique les sons qu'on entendait ; c'était plutôt un vacarme. L'orchestre était, en vérité, peu

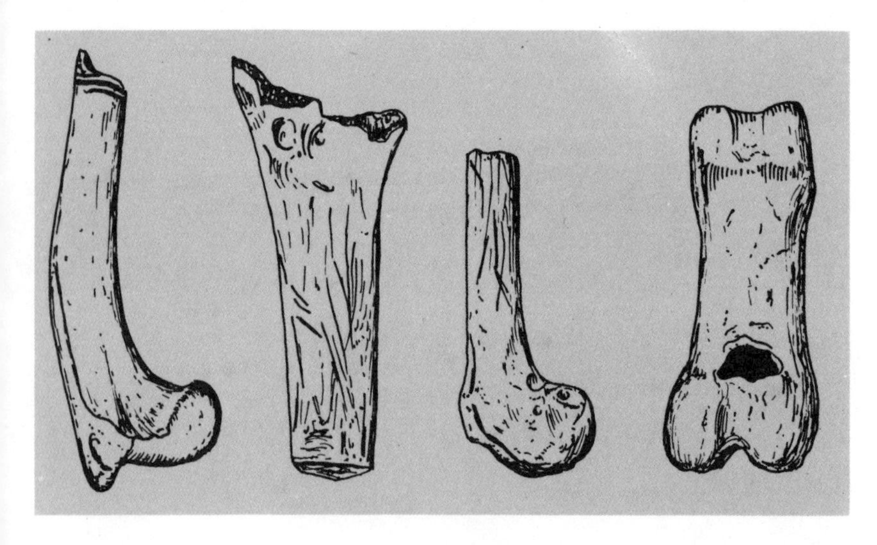

Instruments de musique des chasseurs de mammouths de Dolní Věstonice (Tchécoslovaquie). A gauche : trois os creux et polis dont on devait jouer comme de flûtes traversières; à droite, un sifflet en os de phalange de renne.

commun : un musicien frappait une omoplate de mammouth avec un marteau en bois de renne, comme si c'était un tambour, un autre tapait sur un long os creux, un autre encore agitait des bracelets taillés en os qui faisaient un bruit de castagnettes ... Ces bruits ne pouvaient flatter l'oreille d'un mélomane et, pourtant, le public écoutait avec une attention soutenue. Cela se comprend aisément si nous réalisons qu'il s'agissait du premier «gala» d'un orchestre paléolithique dirigé par l'archéologue S. N. Bibikov.

Il est évident que les musiciens qui jouaient de ces instruments étaient des hommes du XXe siècle qui, par conséquent, ne pouvaient avoir aucune idée de ce qu'était la musique paléolithique authentique. Il était plutôt question de tirer de ces instruments tous les sons qu'ils pouvaient rendre et de chercher à savoir à quoi ressemblait cette musique. Cette expérience est précieuse, car elle nous permet d'entrevoir un aspect de l'âme des chasseurs de mammouths dont on a cru qu'il nous resterait caché à jamais.

Les arts de la peinture et de la sculpture sont deux domaines que privilégie l'archéologie. Une peinture rupestre, une gravure sur une pierre plate, un relief taillé à même le rocher, une statuette en ivoire, ont de fortes chances de se conserver. Mais que pouvait espérer l'art qui ne s'inscrivait pas dans la matière? La musique était vouée à la disparition, comme si elle n'avait jamais existé. C'est vrai, en partie, pour le son et pour le rythme; on peut dire la même chose de la danse. Comme la musique, la danse devait faire partie de la vie des hommes du Paléolithique. Heureusement, nous avons tout de même la possibilité de nous assurer que la musique existait à cette époque. Pour faire de la musique, il fallait des instruments, on a des chances d'en trouver, du moins ceux qui ont été fabriqués en matières durables. Quant à la danse, peut-être existe-t-il des peintures qui la représentent? Mais n'anticipons pas et voyons d'abord ce qu'il en était de la musique.

NAISSANCE DU PREMIER ORCHESTRE

L'histoire de la collection des objets intéressants qu'on a pris l'habitude d'appeler «le premier orchestre» (le premier qu'on ait trouvé, bien sûr, ce qui ne veut pas dire qu'il soit le plus ancien et que rien ne l'ait précédé) est assez compliquée. Il y a des dizaines d'années déjà, on a découvert en Ukraine, près du village de Mésine, des restes de huttes d'hiver à base circulaire. Elles avaient des socles en argile renforcée par des pierres et des os de mammouth et de solides charpentes en bois. Lorsqu'on explora la plus grande d'entre elles (dont le sol mesurait à peu près 20 m²) qui devait être également la plus récente, on trouva, entre autres choses, quelques os de mammouth, décorés de motifs géométriques et peints en rouge. Déjà à cette époque, on s'intéressait à ces objets en ne prêtant attention, cependant, qu'au décor peint.

En les étudiant de plus près, les archéologues constatèrent que ces os portaient des traces d'usure tout à fait insolites. Des criminalistes confirmèrent que cette usure était due à des coups répétés qu'on avait portés au même endroit pendant de longues années. On pensa que des objets si joliment décorés n'étaient pas de simples outils de travail et qu'ils devaient avoir une fonction différente. Les chercheurs examinèrent donc à nouveau les autres objets provenant de cette hutte et le premier ensemble d'instruments de musique du monde commença à prendre forme. Il comportait une omoplate de mammouth qu'on frappait avec un marteau taillé dans le bois de renne, un fragment

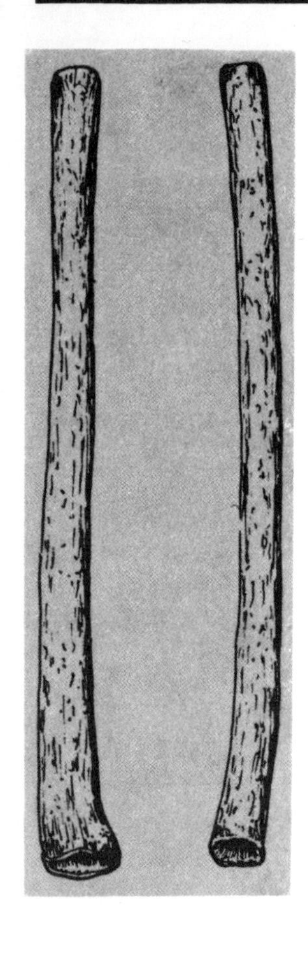

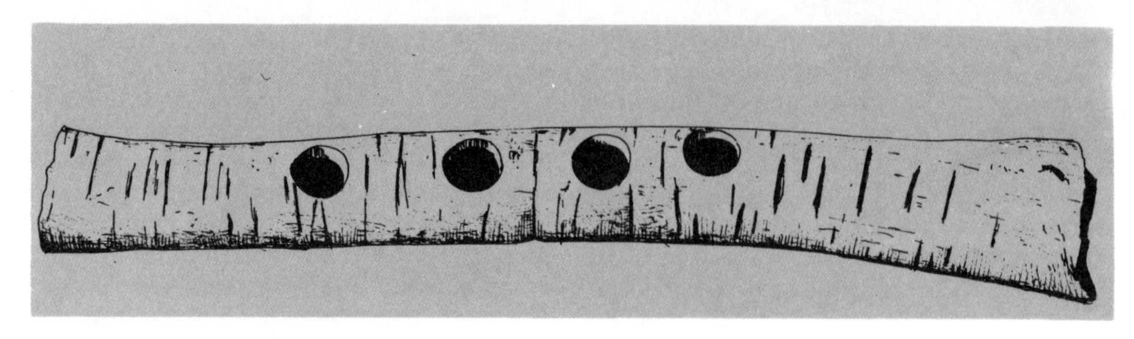

De fins tuyaux en os d'oiseaux servaient probablement de fibres ou d'appeaux aux chasseurs de mammouths de Kostiénki 1 (Union Soviétique)

Le plus bel exemplaire de flûte paléolithique provient du site de Molodova sur le Dniestre (Union Soviétique); elle a été taillée dans un bois de cerf.

d'os iliaque qu'on utilisait de la même façon, une mandibule inférieure de mammouth, un crâne de mammouth dont on se servait comme d'un tambour, des fémurs de mammouth creux, rendant un son différent selon leur longueur, à la manière d'un xylophone, un bracelet qui se composait de quatre étroites lamelles d'ivoire qui claquaient comme des castagnettes.

Ainsi, cet ensemble d'os de mammouth peints, découvert dans une hutte de Mésine, et considéré tout d'abord comme une collection d'objets cultuels, est devenu un ensemble d'instruments à percussion destinés à accompagner la danse. Mais à quoi ressemblait cette hutte, il y a quinze ou vingt mille ans?

Il s'agissait, selon toute apparence, d'une vieille habitation d'hiver, abandonnée par ceux qui l'ont construite. La même horde de chasseurs ou peut-être une autre la transforma, par la suite, en maison commune : les hommes la nettoyèrent en la débarrassant

des débris et des déchets qui s'y étaient amoncelées et renforcèrent sa charpente par de nouveaux supports en bois. Cette hutte n'était pas une habitation ordinaire, où on vivait, mangeait ou fabriquait des outils. Elle était destinée à des occasions spéciales, à des cérémonies ou des rites au cours desquels tous les membres du clan se réunissaient autour d'un petit foyer. Les hommes et les femmes au corps peint en rouge (on trouva au même endroit une bonne réserve de peinture ocre) devaient y danser au son des instruments que les musiciens et les savants du XXe siècle essayèrent d'imiter.

Même si, à l'époque, on n'utilisait pas ces instruments exactement comme les archéologues l'imaginaient, cette idée était, malgré tout, une découverte capitale. Lorsqu'on examinera les os des autres sites européens, on s'apercevra certainement qu'à l'époque du Paléolithique on faisait de la musique ailleurs qu'à Mésine.

LES PREMIERS FIFRES

L'ensemble de Mésine est aujourd'hui sans aucun doute le vestige le plus intéressant concernant la musique des chasseurs du Paléolithique. Toutefois, il n'est ni le plus ancien, ni unique. Il ne comporte pas, non plus, tous les instruments qui nous sont parvenus de cette époque. Parmi les trouvailles provenant des sites de chasseurs de mammouths, on a pu découvrir, à côté des instruments à percussion, des instruments à vent, comme des fifres ou des flûtes. On n'a jamais pu en trouver plusieurs au même endroit; il s'agit plutôt de découvertes isolées, dispersées dans différents emplacements.

Il y a déjà un demi-siècle, le professeur K. Absolon trouva, dans des fouilles à Dolní Věstonice, quelques flûtes rudimentaires ; il consulta des experts pour savoir comment on pouvait en jouer et quelle était leur sonorité. Les chasseurs de mammouths de Dolní Věstonice fabriquaient d'une part des fifres à embouchure terminale comme ceux d'aujourd'hui, d'autre part des flûtes à bec ou traversières. Il y avait, peut-être, à cette époque des instruments en bois, mais d'autres en os, car ils se sont conservés. Pour leur fabrication, on utilisait des phalanges de renne, mais, la plupart du temps, des os longs et fins d'oiseaux ou de petits animaux.

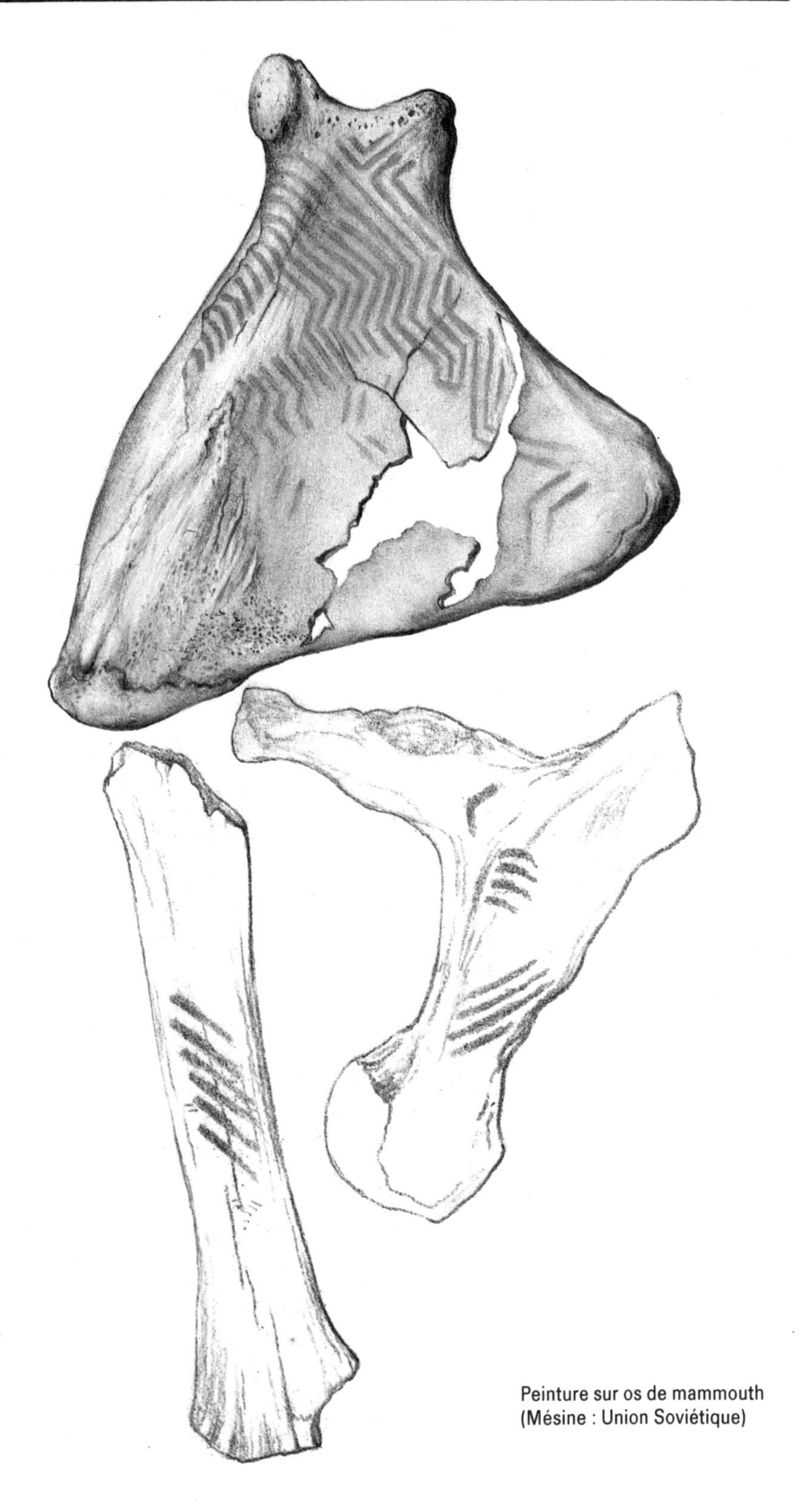

Peinture sur os de mammouth
(Mésine : Union Soviétique)

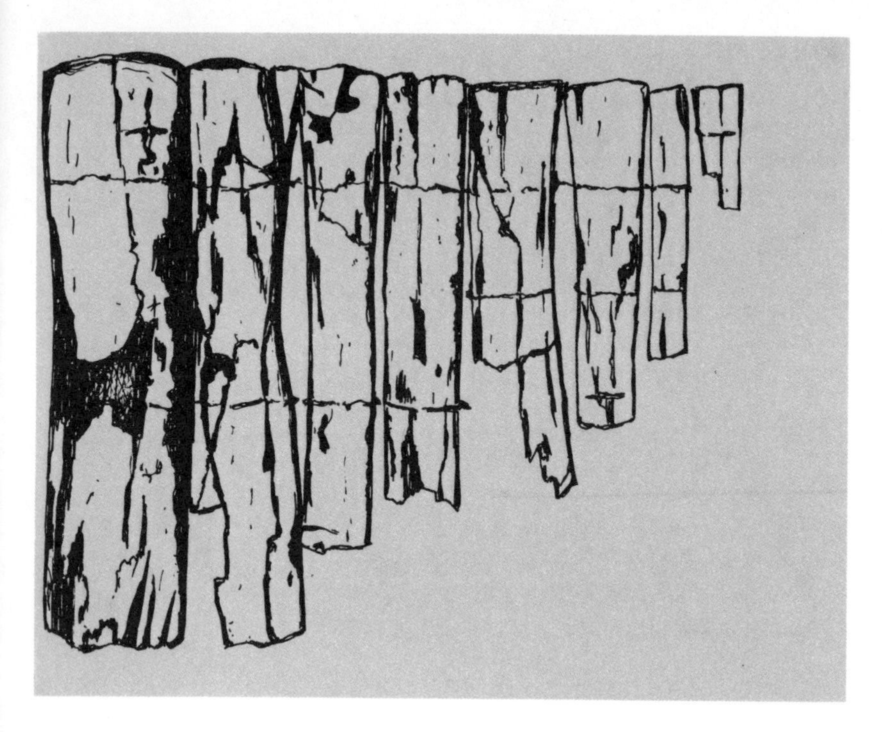

La flûte de Pan, composée d'os creux, n'apparaît qu'au Néolithique (Union Soviétique).

Lorsqu'on enlevait les articulations, on obtenait de fins tuyaux longs de quelques centimètres. Après les avoir vidés, on les polissait et on les perçait de trous disposés de diverses façons. On obtenait ainsi une flûte qui était plus perfectionnée qu'un simple sifflet à un seul trou. On trouva de tels instruments dans toutes les parties du monde paléolithique habité.

Le sol livra également d'autres instruments appartenant à la même famille, mais plus massifs et plus élaborés. Dans le site de Molodova, en Ukraine occidentale, on trouva, parmi d'autres objets datant de la fin du Paléolithique, une flûte taillée dans un bois de renne. Elle mesurait 21 centimètres et était posée sur le sol, entre deux foyers. La corne était creusée, mais pas totalement. A une extrémité, il y avait quatre trous de jeu alignés; à l'autre bout, il y en avait deux. On en jouait comme de la flûte moderne; en soufflant dans l'embouchure et en posant ses doigts sur les trous, le joueur modifiait la longueur et les vibrations de la colonne d'air dans l'instrument afin d'obtenir des sons différents.

Un autre exemplaire du flûte, plus petit et plus récent, provient de Molodova. Celle-ci aussi est taillée dans un bois de renne : elle est munie d'une rangée de sept trous de jeu, de deux trous qui se trouvent de l'autre côté de la même extrémité et de deux trous de jeu encore à l'autre bout. La gamme de sons qu'un musicien averti pouvait obtenir en jouant d'un tel instrument, était alors assez riche, même si elle était encore loin d'atteindre la perfection et la pureté de la sonorité des instruments contemporains.

Néanmoins, une chose est certaine : à l'époque des chasseurs de mammouths et de rennes, les hommes possédaient déjà des notions de musique. Les sifflets et les fifres rudimentaires n'étaient pas encore des instruments de musique à part entière. Les chasseurs les utilisaient probablement pour se repérer ou pour communiquer pendant la chasse. Les premières flûtes servaient peut-être à attirer les animaux. Mais il aurait été vraiment étonnant que ces hommes dont nous connaissons déjà le degré d'intelligence, n'aient pas cherché à les utiliser différemment. Bien sûr, dans un premier temps, ils ne se rassemblaient pas dans leurs huttes pour faire de la musique de chambre, mais ils pouvaient très bien siffler un accompagnement simple pour soutenir le rythme de leurs danses. D'ailleurs, certaines flûtes étaient trop massives pour que les hommes aient pu les porter à la chasse. En dehors des flûtes que nous avons déjà mentionnées, nous en connaissons une autre qui provient de la grotte d'Istálloskö, en Hongrie. C'est un lourd instrument, taillé dans un fémur d'ours des cavernes, muni de deux trous de jeu et d'un autre, placé de l'autre côté. Mais, malheureusement, il est difficile de se faire une idée précise des danses préhistoriques.

LES DANSES DES HOMMES DU PALÉOLITHIQUE

Pour danser, l'homme n'a besoin de rien d'autre que de son corps. Ce n'est pas son squelette qui va nous révéler si l'homme dansait et comment il s'y prenait. Pour repérer les débuts de la danse, nous devons exploiter tous les signes indirects sans négliger le moindre indice. Et, pourtant, nous avons la quasi-certitude que les hommes du Paléolithique supérieur dansaient déjà. Il s'agissait peut-être même de danses complexes qui avaient un sens précis et qui traduisaient la vie spirituelle de ces hommes si nous réalisons que l'évolution de la société des chasseurs de mammouths et de rennes dura

des milliers et des milliers d'années. Nous n'ignorons pas le rôle que joue la danse dans la vie des tribus de chasseurs de notre époque. C'est l'un des moyens d'expression les plus caractéristiques des civilisations moins évoluées, dont la langue n'est pas encore assez riche pour exprimer des notions abstraites nuancées. La danse, dont les musiciens marquent le rythme à l'aide d'instruments très sommaires, membranophones la plupart du temps, est un moyen de célébrer les événements survenus dans la nature ou dans la vie de la tribu, d'adorer les divinités et les forces surnaturelles, de saluer le printemps et le retour du soleil, de fêter une chasse fructueuse, de transmettre de vieilles légendes de la tribu. On ne peut croire que ces hommes, créateurs de peintures et de statuettes du Paléolithique supérieur, qui avaient déjà un tel sens du beau, n'aient pas éprouvé la nécessité de s'exprimer au moyen de la danse.

Ils devaient danser non seulement dans les huttes dont l'espace était assez restreint, mais surtout à l'extérieur et, qui sait, dans les sanctuaires rupestres, pendant les cérémonies rituelles. Jusqu'à une époque récente, on interprétait ainsi une découverte qu'on fit en France. Mais, aujourd'hui, certains chercheurs considèrent que cette hypothèse traditionnelle est erronée.

Il s'agit d'une découverte que nous avons déjà mentionnée dans un contexte différent : quatre garçons découvrirent, un jour, des représentations sculptées de bisons en argile, dans la grotte de Tuc d'Audoubert. Il faut ajouter que le sol de la grotte était recouvert d'une couche épaisse de vase glaiseuse dans laquelle se sont conservées des dizaines d'empreintes de pieds d'hommes. Mais, chose curieuse, ces empreintes n'étaient pas complètes, car ceux qui les laissèrent, ne marchaient que sur les talons! Ces empreintes étaient très nettes et intactes, car elles

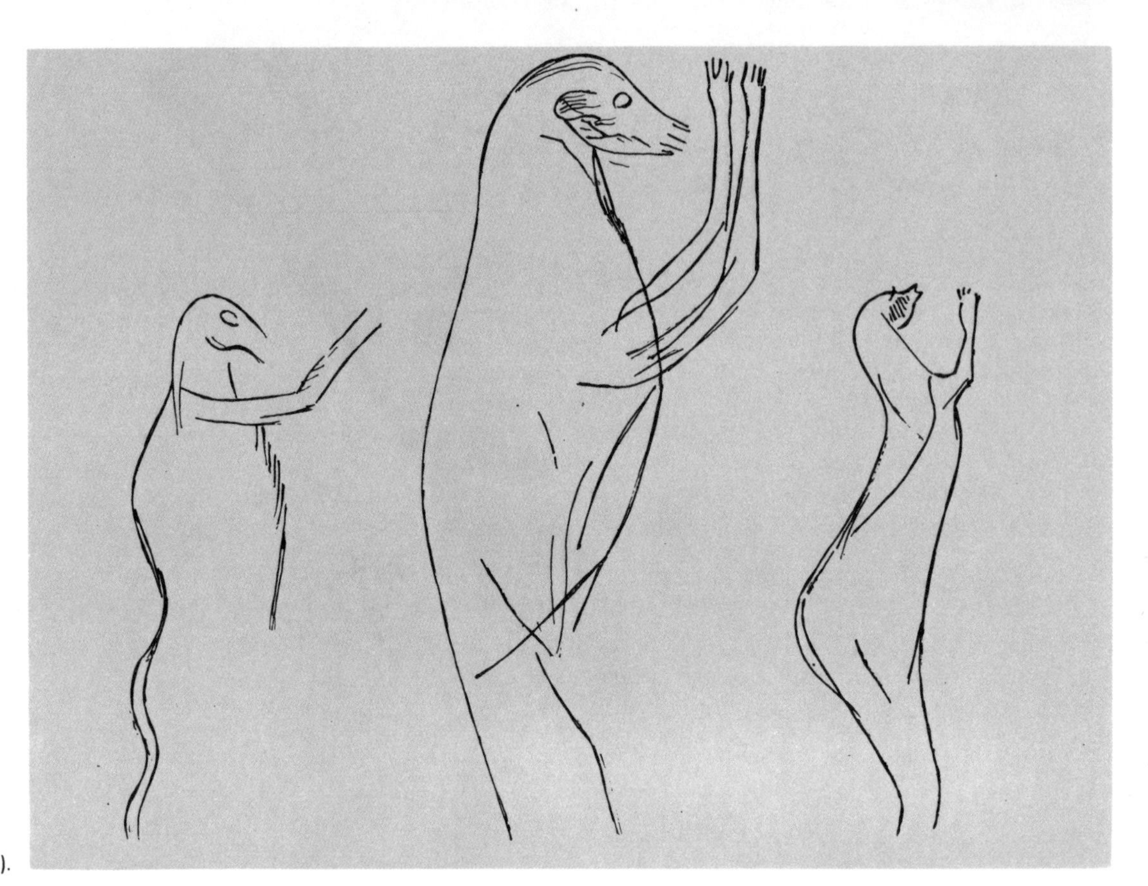

Certains personnages de l'art paléolithique représentent peut-être des danseurs exécutant une danse rituelle (gravures d'Altamira : Espagne).

étaient protégées par un fin dépôt calcaire qui se forma pendant des millénaires. Depuis cette époque du Paléolithique, personne ne mit les pieds dans cette caverne jusqu'au jour de sa découverte, en 1912.

Les archéologues déterminèrent alors qu'il s'agissait des traces de jeunes filles et de garçons, âgés de treize à quinze ans qui dansaient autour des bisons en argile une curieuse danse qui était censée imiter le pas de ces animaux. Les savants conclurent alors que cette danse accompagnait les rites initiatiques de ces jeunes adolescents. C'est pour cette raison qu'on appela cette grotte souterraine la «Salle des danses de bisons».

Mais, bien sûr, nous ne pouvons pas savoir vraiment ce qui s'y passait, il y a plus de dix mille ans. Il n'est donc pas surprenant que, par la suite, d'autres savants aient réfuté la première hypothèse qui leur semblait trop simpliste et un peu romanesque. Les empreintes de pieds, disaient-ils, ne sont pas encore une preuve qu'il s'agissait vraiment d'une danse. Peut-être que ces jeunes marchaient sur les talons tout simplement parce que le plafond était bas, et qu'ils devaient se pencher pour se déplacer, ou pour éviter de s'enfoncer dans la vase. Ils émettent également des doutes au sujet de leur âge : il est, en effet, hâtif de conclure à partir de ces empreintes fragmentaires qu'il s'agissait d'adolescents. Ainsi, la version des «danses de bisons» sera-t-elle bientôt définitivement reléguée parmi les légendes.

Il ne reste qu'une solution : chercher la réponse dans l'art paléolithique en général. La tâche est ardue, car quelles que soient les représentations d'homme, qu'il s'agisse des reliefs, des peintures ou des sculptures, elles ne traduisent jamais le mouvement. Il existe quelques exceptions, comme les statuettes provenant des sites français de Tursac et de Sireuil : elles ont une jambe repliée comme pour ébaucher un pas de danse, mais cette interprétation n'est pas admise par tout le monde. Quant à l'art pictural, les représentations d'individus y sont rares et jamais réalistes, mais il nous donne tout de même quelques éléments conducteurs : s'il ne représente pas des hommes en train de danser, il nous propose, par contre, des tableaux d'êtres dansants, mi-hommes, mi-bêtes.

Un bel exemple nous vient de la grotte des Trois Frères : un être qui gambade comme un satyre antique, est peint sur une paroi. Il a des jambes d'homme, de petites cornes sur la tête, et son corps est velu. Il joue d'un curieux instrument, comme pour accompagner sa danse. Il s'agit sûrement d'un fifre ou d'une flûte, pour certains encore, d'un violon monocorde, sorte d'arc musical fréquemment utilisé de nos jours par certaines tribus africaines. Malheureusement, rien de tel n'a encore été attesté pour la préhistoire. Une fois de plus, nous sommes indécis devant cet être qui sautille : est-ce un démon, un chasseur déguisé, un chaman exécutant une danse rituelle? Ces mêmes questions nous assaillent en contemplant les êtres dansants à tête d'oiseau gravés sur les parois de la caverne sicilienne d'Addaura, les personnages qui ressemblent aux boucs de la grotte française près de Teyjat (qui ne sont pas sans rappeler le «danseur» des Trois Frères), ou bien les femmes dansantes gravées sur des plaques de pierre, découvertes dans le site de chasseurs de mammouths de Gönnersdorf sur le Rhin...

La constatation est curieuse, mais les premiers témoignages authentiques concernant la danse des chasseurs et des collecteurs, datent de l'époque où ce mode de vie commençait à décliner sur le sol de l'Europe, pour céder la place à la grande civilisation des agriculteurs et des bergers. Ce sont des scènes de la vie des habitants de l'Espagne orientale, représentées sur les rochers près de Cogul.

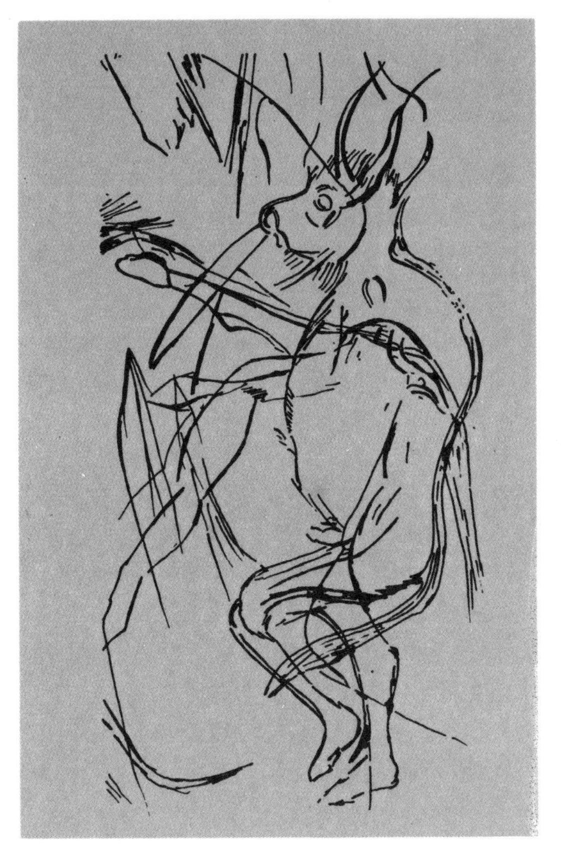

Le plus célèbre «danseur» parmi toutes les gravures rupestres paléolithiques, est un être dont la partie supérieure du corps est animale. C'est peut-être un chasseur vêtu de peau pour une danse rituelle. L'objet allongé près de sa bouche est interprété souvent comme une flûte ou un fifre (grotte des Trois Frères : dans

Les connaissances que l'archéologie nous fournit à propos de ces arts, sont donc relativement modestes, mais elles nous apprennent malgré tout l'essentiel : la musique et la danse sont des arts très anciens, peut-être à peine plus jeunes que l'humanité elle-même, mais très certainement aussi anciens que la

Danse. Peinture rupestre de Cogul (Espagne)

vie sociale de l'*Homo Sapiens* et plus particulièrement celle de l'*Homo Sapiens* du Paléolithique supérieur. Ils étaient peut-être liés au chant et participaient au développement de la parole et au perfectionnement du langage. La musique et la danse permettaient à l'homme d'exprimer ses pensées, ses impressions, ses sentiments et expériences avant qu'il n'apprenne à les restituer par le langage. Elles complètent l'esquisse de la vie spirituelle des chasseurs de mammouths et de rennes que nous avons tentée d'ébaucher tout au long de cet ouvrage. En contemplant sa richesse, nous réalisons que l'*Homo Sapiens* du Paléolithique supérieur était proche de nous, tant par son aspect physique que par son intellect et par son esprit. Ce sentiment de parenté reste vivant malgré les millénaires qui nous séparent, et l'admiration que suscitent en nous les œuvres d'art, le génie et l'habileté de ces ancêtres, est méritée et justifiée.